PITÁGORAS

PATRICIA CANIFF

Con los *Versos Aureos*

Colección
Grandes Biografías

© EDIMAT LIBROS, S.A.
C/ Primavera, 35 Pol. Ind. El Malvar
Arganda del Rey - 28500 (Madrid) España
www.edimat.es

Título: *Pitágoras*
Autor: *Patricia Caniff*
Diseño de cubierta: *Juan Manuel Domínguez*

ISBN: 84-8403-766-5
Depósito legal: M-29680-2003

Imprime: *LAVEL Industria Gráfica*

IMPRESO EN ESPAÑA - PRINTED IN SPAIN

INTRODUCCIÓN

La mayoría de los grandes personajes de la antigüedad, mucho más los Iniciados, se encuentran rodeados de leyendas y de distintas versiones de los momentos más importantes de sus vida. Quizá sea Pitágoras uno de los más perjudicados por esta jungla de información, en la que hemos debido abrirnos paso con el machete del raciocinio. Porque espesa era la masa de vegetación que nos cerraba el paso. Afortunadamente, pudimos encontrar al final unos buenos guías, que nos permitieron ir avanzando sin otras complicaciones propias que el asombro, algo de confusión al manejar datos fabulosos y un mucho de paciencia.

El método de nuestra investigación ha sido el de separar la leyenda de lo auténtico, a pesar de que las informaciones las combinemos. Sin embargo, procuramos en todo momento indicar cuando vamos a mencionar un asunto mítico u otro real. Lo que también hemos tenido muy en cuenta es la cronología histórica, con el propósito de hacer coincidir en el tiempo a personajes que vivieron en siglos diferentes.

Lo que hemos vigilado es la posibilidad de que Pitágoras realizase un viaje a Egipto o a Babilonia, a pesar de que algunos autores lo pongan en duda, porque son más los que aceptan esta posibilidad. Los sacerdotes que guardaban el "Libro de los Muertos" y los Magos persas seguían realizando sus actividades en el siglo VI a.C., por lo que el futuro Sabio de Samos pudo establecer contacto con ellos. Esto es lo que nos importa, ya que la doctrina pitagórica ofrece muchos preceptos y creencias que se parecen a los de esas dos corrientes de pensamiento tan antiguas.

Lo que nadie ha podido discutir es la importancia de Pitágoras como creador de las Matemáticas que hoy conocemos, también de otra forma de interpretar la geometría. Si a esto unimos su inteligencia prodigiosa, su facilidad para viajar por casi todo el Mediterráneo y su gran capacidad de observación, cuando no de adivinación, nos encontramos con los ingredientes que dan forma a un genio.

Nada de lo que vamos a describir puede resultar increíble a quien recuerde lo que consiguió Leonardo da Vinci, del que sí contamos con la información suficiente para saber que un ser humano puede llegar a la genialidad más absoluta por medio de una curiosidad insaciable, unos conocimientos superiores en muchas áreas de la ciencia y una gran audacia. Algo similar logró Pitágoras, pero con la diferencia de que lo obtuvo con unos medios muy inferiores, cuando la cultura y la ciencia se hallaban en su proceso de formación.

Sin embargo, en unos lugares claves de la Tierra (Egipto, Babilonia y Grecia, por no mencionar China y la India) unas sociedades de corte religioso habían logrado una sabiduría prodigiosa: construían edificios como las pirámides, leían en los astros, efectuaban trepanaciones, tuteaban a los dioses y hasta realizaban milagros... ¿Cuántas proezas hemos dejado de mencionar?

Todo esto lo conoció Pitágoras y, en la mayoría de los casos, lo mejoró. Además dio forma a una doctrina de corte religioso que predicaba la fraternidad entre los hombres, aseguraba la reencarnación del alma inmortal y exigía la purificación continúa. Loable propósito de quien se anticipó a su tiempo. De un coloso de las ideas, al que no podríamos entender sin situarlo en la conflictiva Grecia posterior a Homero, cuyos libros de texto eran la "Ilíada" y "La Odisea", y donde los héroes más deslumbrantes se hacían llamar filósofos. Del mejor de ellos ofrecemos su biografía en las páginas siguientes...

CAPÍTULO I

LA VERDAD ES UNA PIEDRA PRECIOSA

El hijo más extraordinario

Se cree que Pitágoras nació en la isla griega de Samos el año 570 a.C. (según el calendario griego: en la quincuagésima cuarta olimpíada). Sus padres fueron Mnesarco y Pitays, los cuales se hallaban entre las familias más ricas e influyentes del lugar. Gracias a la situación geográfica de estas tierras, sus gentes amaban la cultura, conocían varias lenguas y miraban más al mar que al interior.

Cuenta la leyenda que Pitays era tan hermosa y joven como para alimentar el amor de Apolo, el cual la poseyó mientras ella dormía. De este ayuntamiento nació Pitágoras, al que Mnesarco consideró su hijo carnal a pesar de conocer la relación de su esposa con el dios de la belleza y de la adivinación. Añadiremos que se sintió muy complacido, hasta el punto de que mandó erigir un templo en honor de una divinidad tan espléndida.

En nuestra vuelta a la realidad más lógica, hemos de ver a la misma Pitays yendo de peregrinación a un santuario de Siria. Le acompañaba su marido, debido a que éste era un fenicio, aunque sólo de nacimiento, que realizaba frecuentes viajes marítimos en busca de piedras preciosas y otros valiosos materiales. En esta ocasión aprovechó uno de ellos para buscar el consejo de las sacerdotisas, las cuales le anunciaron lo siguiente:

-El hijo que esperas será tan extraordinario, que su resplandor empalidecerá el brillo de todos los sabios que le han precedido y el de los que vendrán después.

7

Algunos historiadores afirman que Pitágoras vino al mundo en Sidón, a pesar de que en seguida fue llevado a Samos. En esta isla fue educado de una forma abierta, ya que sus maestros preferían utilizar como aulas el campo, la montaña y el mar. Las piedras, las plantas, los animales, el agua y el aire servían como ejemplos de las lecciones. Esto nos lleva a deducir que el niño de mente tan abierta aprendió sirviéndose de la teoría y de la práctica, que ante sus ojos adquirían una fructífera combinación. Se cree que tuvo como compañeros a sus tres hermanos (Eunosto, Tirreno y Zalmoxis), a los que en muchas ocasiones sirvió de instructor.

"El saber será tu patrimonio"

Mnesarco no sólo era un joyero, ya que en ocasiones comerciaba con productos agrícolas, telas y otros objetos. Sin embargo, mostraba su preferencia por las piedras preciosas, hasta el punto de disponer de unos talleres en los que trabajaban algunos de los más famosos talladores fenicios. Las técnicas de todos éstos no le resultaban ajenas, debido a que era capaz de igualarlas, especialmente en el grabado de anillos de oro. Sus compatriotas le consideraban un verdadero artista, un honor que celebraban comprándole las joyas a pesar de su alto precio.

Resulta fácil comprender que Pitágoras se sintió atraído por las actividades de este taller casi en el mismo instante que comenzó a andar. Cuando ya dispuso de la suficiente lucidez mental, acaso teniendo cinco o seis años, su padre le llevó donde se fundían los más valiosos metales con un celo exquisito para no desperdiciar ni siquiera el polvo.

-Hijo mío, observa cómo lo más valioso puede adquirir un mayor precio cuando interviene la mano del hombre -aconsejó Mnesarco-. Todos estos artistas han aprendido el oficio de sus mayores. Conocen secretos que los convierten en verdaderos magos, pues saben manejar el fuego y el agua para transformar el oro y la plata en joyas que ambicionan los poderosos.

-Sería igual que una cocina en la que se amasan las confituras sino oliera tan mal -dijo el niño sin dar muestras de asco.

-Aquí se utiliza el azufre y algunos ácidos. Recuerda que pocas cosas huelen peor que el estiércol, y éste ayuda a obtener las mejores cosechas. -Hizo una pausa, dando idea de que había concluido la breve lección y, mientras salían, formuló este consejo un tanto inegmático-: Nunca olvides que el saber será tu patrimonio. Pero a medida que vayas adquiriendo mayores conocimientos, te darás cuenta de que se incrementa tu curiosidad. Nunca frenes esta necesidad.

-Me apasiona conocer todo lo que me rodea y dar nombre a los árboles, las piedras y los animales -confesó Pitágoras, que ya poseía una mente tan receptiva que nunca olvidaba lo que oía por primera vez.

Los mejores profesores

A los diez años Pitágoras ya asistía a los gimnasios, donde entrenaba su físico. Contaba con un profesor de canto y otro de música, lo que le permitía entonar unas bellas composiciones al compás de la lira que él mismo tañía. También se le estaba iniciando en el arte de la pintura, para que adquiriese sentido de las proporciones.

Quizá las mejores enseñanzas le llegaran de labios de Hermodamas, uno de los mayores admiradores del genial Homero. Porque al aprender de memoria la "Ilíada" y la "Odisea", el joven pudo convencerse de que estos viajes esporádicos que realizaba con su padre a las más cercanas islas griegas o a Italia debían servirle de estímulo. Las costas del Mediterráneo se hallaban preñadas de saberes que debía hacer suyos, aunque se sometiera a riesgos tan épicos como los de Ulises o se viera en medio de guerras más cruentas que la de Troya.

Después de haber descrito la formación física y mental de Pitágoras, conviene resaltar que era un muchacho muy atractivo, de trato agradable, gran observador y más oyente que parlanchín. Las jóvenes le deseaban y ya conocía el amor, aunque sin comprometerse. No creemos que su estreno sexual lo hiciera con las rameras de Samos o con alguna de las criadas de la

9

casa de sus padres. Pero ésta es una cuestión que han olvidado sus biógrafos.

Donde vuelve a intervenir la leyenda es al contarnos que Pitágoras nació con un "muslo de oro". En realidad debía ser una especie de "antojo" amarillento, del que él nunca se avergonzó, aunque procuró mantenerlo oculto, que sus seguidores futuros, los famosos pitagóricos consideraron el distintivo propio de un Iniciado.

Lo que sí se conoce en un plano más normal es que ya había dado pruebas de su inteligencia, al renunciar a un viaje en barco por haber previsto con dos días de antelación la llegada de una tormenta que hundiría más de cincuenta embarcaciones, entre ellas una docena de nuevas pentecontores (naves de guerra provistas de cincuenta remeros). Mucho se lamentó en Samos no haber atendido los consejos de ese muchacho de quince años. Algo muy distinto sucedió cuando Pitágoras aconsejó a los campesinos que ese año sembraran cebada en lugar de trigo, ya que la abundante cosecha sirvió para que todos le felicitaran.

La entrevista con el tirano

La isla era gobernada por Polícrates, un tirano que gustaba de verse rodeado de los más famosos adivinos, de poetas de la fama de Anacreonte y de arquitectos del prestigio de Eupalinos de Megara. Amigo de la buena mesa y de los vinos perfumados, no dejaba de acompañar todas sus comidas con la mejor música y esos cantos que estimulan la sensualidad. Tampoco se olvidaba de los científicos y de quienes eran admirados por el pueblo.

De esta manera Pitágoras fue invitado a compartir la mesa con el tirano. Pero allí había cincuenta personajes más, todos ellos vanidosos, materialistas y gozadores de los placeres inmediatos. Tan superficiales y burlones, que el joven prefirió mantenerse en silencio.

Se ha llegado a escribir que en aquel mismo momento pudo ver, gracias a su poder adivinatorio, a la mayoría de aquellos sátrapas cómo serían de viejos y hasta la muerte que sufri-

10

rían. Por ejemplo, predijo mentalmente que el déspota Polícrates sería descuartizado en un cruz por sus enemigos. Tragedia que ocurriría unos cincuenta y cinco años más tarde. Esto le llevó a formularse uno de sus primeros y más célebres pensamientos:

-El cuerpo es una tumba.

Al renunciar a un viaje en barco por haber previsto con dos días de antelación la llegada de una tormenta que hundiría más de cincuenta embarcaciones...

En efecto, por mucho que los seres humanos nos cubramos con sedas y joyas, o recurramos a perfumes embriagadores y a disfraces que nos den aspecto de dioses, nunca podremos librarnos del fatal destino de terminar en el sepulcro.

Sin embargo, cuando el tirano ni siquiera podía imaginar tan fatal desenlace, Pitágoras ya no se encontraba en Samos, debido a que la isla se le había quedado muy pequeña. Igual que si su mente fuera una esponja, a los dieciocho años había absorbido todo el conocimiento que se le podía brindar. Y como necesitaba obtener muchos más, buscó nuevos rumbos.

La importancia de las recomendaciones

Mnesarco era un viajante, por lo que supo transmitir a su hijo la idea de que no existen fronteras que detengan la ambición de ampliar los conocimientos. Cuando escuchó la noticia que esperaba se limitó a decir:

-Los muchos amigos que he ido consiguiendo en los diferentes puertos van a servirte de guía. Te escribiré cartas para cada uno de ellos, en las que incluyo las direcciones a las que has de dirigirte. En el caso de que hubiesen fallecido algunos de los destinatarios, no te negarán su ayuda los herederos. Los comerciantes de piedras preciosas formamos una sociedad cerrada, lo que nos permite defendernos de los ladrones, de los falsificadores y de los ambiciosos sin escrúpulos.

-Conozco el valor de la amistad, padre.

Pitágoras también recibió el apoyo de Polícrates, ya que éste le entregó un mensaje personal para el Faraón de Egipto, que llevaba su sello real.

-Confío que te permitan entrar como un iniciado en los templos del Valle del Nilo -dijo el tirano-, donde aprenderás los misterios sagrados. No olvides que a tu regreso te espera el empleo de adivino de palacio.

Ya sabemos que esto jamás sucedería; y no porque Pitágoras dejase de acceder a los recintos secretos de los portadores del "Libro de los Muertos" y de las técnicas de la momificación, los mismos que sabían leer en los astros y construir las fabulosas pirámides.

Los primeros contactos con Perecides de Siro

En aquellos tiempos pocas eran las embarcaciones que se atrevían a cruzar el Mediterráneo sin perder de vista las costas. Lo normal es que se realizara la travesía desde cualquier punto de Grecia a Egipto realizando una serie de etapas. Esto permitió que Pitágoras estableciese contacto con Perecides de Siros, uno de los sabios más célebres de aquellos tiempos.

Puede decirse que Perecides fue uno de los primeros pensadores que supo combinar el mito, la lógica, la teología y la filosofía. Hay quien atribuye toda esta ciencia a que el sabio había estudiado los libros secretos de los fenicios, por eso creía en la reencarnación. Y como se hallaba convencido de las múltiples existencias de los seres humanos, a los pocos meses de impartir lecciones a Pitágoras, creyó que le había conocido en otra época muy lejana, cuando se llamaba Etálides.

Una manera muy eficaz de sembrar en la mente juvenil la semilla de la *anamnesis* o recuerdo de las vidas pasadas. Para que la leyenda nos dejara el provocador reclamo de que Pitágoras había vivido durante los momentos históricos más importantes de Grecia, entre ellos la Guerra de Troya, dentro del cuerpo de diferentes seres humanos, sin excluir el de una famosa ramera; pero siguiendo unos ciclos de 216 años entre la muerte y la nueva reencarnación.

Lo más interesante de esta creencia hemos de verlo en que se hallaba unida a la inmortalidad del alma. Otra de las teorías de Perecides es que la creación del mundo había tenido lugar por medio de cinco cavernas o *pentekosmos*, sobre las que influían los elementos aire, fuego y agua.

Eran muchos los sabios griegos que concedían una gran importancia a las cavernas, ya que las utilizaban como aulas. Se ha escrito que las cuevas de Curetes, en Creta, y la de Eileitía, próxima a Amnisos, encerraban un gran poder cósmico para recibir a todas las almas que por medio de la metempsicosis regresaban a la tierra o se alejaban de la misma.

Como demostración de la gran influencia que Perecides ejerció sobre las ideas de Pitágoras, debemos resaltar que éste abandonó todas sus actividades, treinta y ocho años más tarde, en el momento que fue informado de que su viejo maestro se estaba muriendo. Junto al lecho de la agonía permaneció durante casi dos meses, sin importarle que la causa de todo el mal que estaba devorando el cuerpo decrépito fuera una invasión de piojos que nunca abandonaron a su presa; y a la que acompañaron hasta la tumba.

¿Fue Tales de Mileto el primer filósofo?

La siguiente etapa de Pitágoras le llevó a Mileto, una ciudad tan importante que disponía de cinco puertos y era el centro comercial más utilizado de la zona oriental del Mediterráneo. Sin embargo, lo que ha de interesarnos es que la metrópoli se había convertido en el eje cultural del mundo griego. Son muchos los historiadores que sitúan en este lugar la organización de la primera escuela filosófica, cuyo máximo representante era Tales de Mileto, al que se coloca en cabeza de los Siete Sabios helenos. De origen fenicio, había absorbido la mayor parte de su saber en Egipto.

Se desconoce cómo Tales pudo arrancar de los templos situados en el valle del Nilo los grandes secretos, ésos que le permitieron ser uno de los grandes hombres de su época: astrónomo, físico, geómetra, ingeniero y creador de infinidad de teorías. Predijo el eclipse de Sol del 585 a.C. con un año de anticipación. Fue el primero que desmontó el mito de que el astro rey era devorado por un león fabuloso cada vez que se producía un eclipse. Existen pruebas de que realizó trabajos hidráulicos, como desviar el curso del río Halis por encargo de Creso.

Nos ha dejado la leyenda la singular historia de que Tales se vengó de las gentes de una manera muy efectiva. Como todos le criticaban que fuese tan pobre, se aprovechó de sus conocimientos sobre la meteorología y la agricultura para comprar un gran número de molinos del país. Suponemos que obtuvo los oportunos préstamos de quienes sí creían en él. Como al año siguiente se obtuvo una extraordinaria cosecha de aceitunas, lo que Tales ya había previsto sin contárselo nada más a un reducido número de personas, pudo elevar los precios a su antojo. Después de haber obtenido una fuerte suma de dinero, que le hubiese enriquecido para el resto de su vida, se libró de la misma entregándosela a los pobres. Su explicación fue ésta:

-Un sabio auténtico nunca busca el lucro personal, ya que lo considera una cuestión menor.

Contundente forma de demostrar a todos que la verdad se hallaba arraigada en su mente y en sus actos con la firmeza de lo irreductible. Nosotros estamos convencidos de que fue el primer filósofo del mundo; y uno de los sabios que moldearon la prodigiosa imaginación de Pitágoras.

Cuando el alumno se confunde con el maestro

Pitágoras se sirvió de las recomendaciones de su padre para acceder a la escuela de Tales. Uno de los más célebres orfebres de Mileto se cuidó de que se le aceptara como alumno, a pesar de que el número de éstos era muy reducido. No se tiene idea de que se pagara por asistir a estas lecciones, que en su totalidad pueden ser consideradas magistrales. Lo más original de tan alta pedagogía es que se permitía las preguntas al profesor, siempre que se respetara el tema establecido. Esto provocaba unas discusiones libres, en las que se enriquecían las ideas de todos hasta cuando se producían unos enfrentamientos muy vivos, dado que jamás resultaban violentos.

Una tarde que la clase parecía haber caído en una molesta rutina, el mismo Tales se encargó de animarla con este planteamiento:

-El agua es el elemento fundamental del mundo y de la vida. Todo proviene del agua y termina disolviéndose en la misma. Sólo hemos de fijarnos en la Naturaleza para observar las modificaciones que acusa en el momento que las nubes abren sus vientres cargados de lluvia. También en el agua se mueve nuestra alma, en una flotación permanente que le facilita el contacto con lo existente. ¿Alguno de vosotros es capaz de hacernos oír su opinión sobre esta teoría?

Lo más original de tan alta pedagogía es que se permitía las preguntas al profesor, siempre que se respetara el tema establecido.

-Yo, maestro -dijo Pitágoras, que se hallaba sentado en la primera fila de los alumnos-. ¿No cree que el agua podía ser sustituida por el aire o, mejor dicho, el agua y el aire son elementos complementarios por los que fluyen la vida y el alma?

-Es posible... Aunque el aire seca la humedad, incrementa la intensidad del fuego y derriba árboles y edificios cuando sopla con toda su fuerza...

La discusión había quedado abierta, ya todos los presentes quisieron intervenir al haberse perdido la sensación de lo rutinario. Entonces se puso en evidencia que allí los alumnos y los maestros llegaban a confundirse en algunas ocasiones, debido a que la confrontación de ideas enriquecía las mentes.

Dado que Pitágoras continuó siendo el animador de todas las clases, al hacer suyas las inquietudes de los demás, sin dejar de mostrar las propias, se ganó la amistad de Tales de Mileto. Es posible que este soltero empedernido, al que no se le conocía ningún trato con mujeres, terminará considerando al joven de Samos como su hijo. Tenemos una prueba de esta relación al saber que le hizo escuchar unos acertados consejos:

-Nuestro paso por la vida es tan efímero como el de un cometa. Yo regulo mi existencia diaria por el movimiento de los astros, lo que me permite no perder el tiempo. Cada una de mis actividades responde a unos horarios precisos, que pocas veces modifico. Mi método se basa en racionalizar el tiempo una vez he fijado los objetivos que deseo alcanzar. La seguridad que me proporciona saber que voy a ir cubriendo las etapas de mis estudios e investigaciones, sin caer en la distracción, me facilita comer y beber lo imprescindible y no dejarme arrastrar por las pasiones. ¿Acaso estoy equivocado, amigo mío?

-No, maestro. Quizá os parezca que peco de inmodestia si os confieso que llevo algunas semanas imitando vuestro comportamiento.

Un comportamiento casi monacal, el propio de un sabio al que sólo le preocupaba mejorar sus conocimientos por medio de la observación, el estudio y el análisis del tema en el que había centrado su interés. Todo un proceso de iniciación selectiva, que al cabo de los años Pitágoras implantaría en sus escuelas. Algo que ya se venía haciendo en Egipto, aunque en este caso bajo el peso de una religión que imponía severos castigos a los que rompían las normas. Porque la enseñanza se consideraba sagrada, selectiva, sólo para unas élites muy reducidas.

Tiempo dispondremos para describir el miedo de algunos grandes sabios de comunicar sus conocimientos, al haber comprobado que el populacho era partidario de reaccionar con la burla o una malsana curiosidad ante lo que no entendía. Podría asegurarse que el secretismo se entendía, en la mayoría de los casos, como una forma de defensa y, al mismo tiempo, de evidenciar la superioridad de los astrólogos, ingenieros, arquitectos, médicos y demás científicos y pensadores.

CAPÍTULO II

ANAXIMANDRO, FENICIA Y EGIPTO

La audacia mental de aquellos sabios

Cuando repasamos los conocimientos de aquellos sabios griegos deberíamos realizar un proceso de eliminación, para olvidar todo lo que conocemos actualmente. Sólo de esta manera podremos reconocer su audacia mental Disponían de escasos medios mecánicos y científicos, y sólo utilizaban sus sentidos y una inmensa capacidad de observación. Es cierto que un gran número de sus teorías hoy nos parecen alocadas; sin embargo, abrieron caminos a la verdad, que siglos más tarde otros descubrirían.

Podríamos imaginar la situación como un universo de tinieblas, en el que unos pocos fueron situando puntos de luz que, en algunas ocasiones, produjeron unos resultados asombrosos. Si en Tales de Mileto hemos podido comprobar el acierto de su teoría sobre la inmortalidad del alma, unido a su eficaz método de enseñanza, en Anaximandro hemos de resaltar sus logros geográficos y astronómicos.

Pero, ¿quién fue realmente Anaximandro? Primero diremos que sustituyó a Tales en la dirección de la escuela, con lo que pasó a ser el nuevo maestro de Pitágoras. Partidario de combinar la práctica con la teoría, consiguió trazar un mapa del universo que rompió muchos de los mitos existentes y, a la larga, le permitiría trazar un zodiaco bastante aproximado al que hoy conocemos.

Además se le concede el honor de haber inventado el reloj de sol y un cuadrante o gnomon, muy eficaz para la navegación en mares abiertos al poder determinar el mediodía auténtico, los puntos cardinales, los solsticios y los equinoccios y las latitudes. Creía que la tierra poseía una forma cilíndrica y se hallaba situada en el centro del cielo. Suya era la teoría de que las estrellas, el sol y los demás astros habían nacido del fuego y giraban alrededor de nuestro planeta. Y dentro de esta idea, se atrevió a calcular las distancias astronómicas con un gran entusiasmo, hasta el extremo de que convirtió en sus cómplices a todos los alumnos. Entre éstos destacaremos a Pitágoras, quien se cuidaría años después de modificar algunas teorías de su maestro.

Lo que asombra de Anaximandro es que al no mantener quieta su imaginación, llegase a perfilar un concepto de la vida bastante acertado. Para él lo primero que existió fue el infinito, al que llamó *apeiron*. Como éste se hallaba impulsado por un movimiento eterno, comenzó a generar calor y frío en un largo proceso que terminó dando forma al universo. La existencia de vida en la tierra se produjo al elevarse la temperatura del agua, lo que dio origen a las distintas criaturas en unas sucesivas evoluciones, las primeras de las cuales fueron los peces...

¿No resulta prodigioso comprobar que al dejar la mente humana abierta en todas las direcciones se puede terminar yendo por la ruta más acertada? Anaximandro estuvo a punto de anticiparse, con veintitrés siglos de anticipación, a las teorías de Darwin. Sin embargo, dejó muy clara una realidad que los enciclopedistas del XVIII de nuestra era ratificarían: cuando el sabio se halla libre de los condicionamientos impuestos por los poderes religiosos y políticos no le teme a la verdad en su sentido más absoluto: nunca deja de enfrentarse a los grandes secretos de la Humanidad, ya sean la muerte, el hecho de nacer en una fecha y no en otra o tantas cuestiones transcendentales. Y diremos más: con cada genial hallazgo siente como una especie de alta fiebre que le anima a continuar por el mismo camino, sin importarle que en algunos momentos, fruto de sus investigaciones, se vea obligado a retroceder o a dar unos saltos que jamás podía imaginar.

La mente proyectada hacia los grandes misterios

Tales de Mileto había conocido los grandes misterios de los sacerdotes egipcios, una conquista que todos conocían, aunque el sabio se cuidó de ocultar los medios de que se había valido. Tampoco divulgó las prácticas ocultas que se realizaban en el interior de los templos y santuarios situados en el valle o en el delta del Nilo. Cuando hablaba con Pitágoras se limitaba a decirle:

Cuando el sabio se halla libre de los condicionamientos impuestos por los poderes religiosos y políticos no le teme a la verdad en su sentido más absoluto...

21

-Debes llegar a la tierra de las pirámides. Allí podrás conseguir que te reciba el Faraón, ya que eres portador de una carta del rey Polícrates. Posees los conocimientos suficientes para que se te permita acceder a ese mundo cerrado, donde se guardan unas ciencias que te maravillarán. Yo las conozco; pero me fue prohibido divulgar un gran número de las mismas.

Anaximandro no había estado en Egipto; sin embargo, encontró la forma de saber tanto de astronomía y de geografía como los constructores de las pirámides. Por otra parte, su teoría sobre el eterno retorno a través del caos en nada tenía que envidiar al pensamiento, en este terreno, de los guardianes del "Libro de los Muertos":

-Nuestro mundo se halla sometido a una justicia matemática -contaba a sus alumnos-. Todos los seres que compartimos la tierra debemos pagar, unos a otros, la pena por nuestras injusticias en unos plazos determinados. Es la filosofía del devenir o de las encarnaciones sucesivas: en un recorrido cíclico se vuelve al punto de partida y, desde éste, se repite el proceso que ha sido marcado.

¿No resultan demasiado herméticos estos conceptos? Aquellas mentes despiertas los aceptaban como base de sus especulaciones, al no ponerse freno. Lo que importaba era alimentar el saber, sin detenerse en ningún momento. Los alumnos, entre los que ya destacaba Pitágoras con luz propia, poseían una curiosidad insaciable. Los tesoros de la ciencia se hallaban ante ellos, como encerrados en un confuso magma que se consideraban obligados a clarificar.

La seducción de Fenicia

Anaximandro también animó a Pitágoras para que realizase el viaje a Egipto. Vamos a olvidarnos de la idea de que el joven filósofo fue expulsado de Samos, donde había vuelto para disfrutar de la compañía de sus padres, por el rey Polícrates debido a unos comentarios sobre la tiranía que gobernaba la isla. Ésta es una cuestión bastante discutible.

Por aquellas fechas el futuro gran Iniciado llevaba el pelo muy largo, se dejaba barba y vestía pantalones. Siempre los había llevado para ocultar ese "muslo de oro" del que no se enorgullecía, dado que prefería destacar por otras cosas muy distintas a su físico.

Ya hemos expuesto la imposibilidad de navegar directamente a Egipto. En la siguiente etapa, llegó a la hermosa Fenicia. Allí los dioses parecían vivir junto a los hombres, debido a que su culto llegaba a las calles y se encontraba en todas partes. Las mujeres cantaban a la diosa Astarté o los hombres se arrodillaban ante Apolo, pues estaban convencidos de que cada año llegaba allí para morir y renacer casi en el mismo instante. En las puertas de las casas se colocaban macetas e infinidad de hermosos recipientes, con el propósito de recibir a las divinidades con unas plantas de rápido desarrollo, especialmente las lechugas. Allí se contaba la leyenda de que Astarté enterró a su amado esposo Adonis en un lecho cubierto de estas herbáceas.

También fascinaron a Pitágoras los grandes bosques de cedros, acaso el mayor tesoro de este país fabuloso. La mejor madera para la construcción, por ejemplo, de barcos, templos y palacios. Y cuando se sirvió de una de las cartas de recomendación de su padre, le fue permitida la entrada en los talleres de los misteriosos orfebres fenicios, que llevaban varios siglos gozando de ser los mejores del Mediterráneo al haber superado a los egipcios.

No obstante, pronto descubrió que le estaba prohibido entrar en ciertos lugares, debido a que en los mismos se encontraban unos artistas geniales que conocían técnicas de fundición o de labrado que consideraban secretas: formaban parte de su patrimonio, ellos mismos o sus antepasados las habían inventado y pensaban legarlas a sus herederos, nunca a otra persona por muy amiga que fuese. Y no se sintió ofendido al entender la conducta. Si la riqueza y las propiedades se dejaban a los hijos, ¿por qué no hacer lo mismo con las técnicas individuales?

-¿Tiene familia ese viejo tallador de diamantes que acaba de entrar en una de las habitaciones que me habéis prohibido, Ises? -preguntó Pitágoras al noble joyero que era su anfitrión.

-No se le conoce ningún pariente.

-Entonces, si él muriera se perderían los secretos de su trabajo, ¿verdad?

-Cierto. Acabas de tocar un asunto que a todos nos preocupa; pero nada podemos hacer por evitarlo. Acaso el anciano Fenoc decida enseñar a alguien, cosa que todavía no ha hecho. Pero nadie puede obligarle.

En las fronteras del reino de Yahvé

Para este apartado nos serviremos del libro "Pitágoras, hijo de Apolo", del famoso historiador François Millepierres:

Al sur de Tiro, dominando el mar, se alzaba el imponente monte Carmelo, en árabe el Djebel Mar Alis, es decir, la montaña de Elías. Jámblico dejó escrito que el lugar era sagrado por excelencia, y que se hallaba prohibido a los profanos. Allí comenzaban las tierras filisteas y palestinas, el antiguo reino de Yahvé o de Israel y Judá, ya políticamente separados en la época de la visita de Pitágoras. En estos parajes fue donde el profeta Elías, poco tiempo antes, había convocado a los sacerdotes de Baal para confundirlos y convencer a Acab que la única divinidad verdadera era Jahvé, el dios de los judíos: "Debéis traer dos toros -solicitó el profeta- y escoger ellos para sí uno, con el fin de cortarlo en pedazos y colocarlo sobre la leña sin encender fuego; y yo prepararé el otro toro, lo pondré encima de la leña y tampoco encenderé fuego. Después invocaréis los nombres de vuestros dioses, mientras yo recurro al nombre de Jahvé. El dios que responda con el fuego será considerado el verdadero." Por mucho que los sacerdotes de Baal llamaron a su divinidad, el fuego no descendió sobre su altar, mientras que a la primera invocación del profeta Elías, las llamas de Jahvé consumieron el holocausto, y eso que Elías había vertido unas tres veces cuatro cántaros de agua sobre la leña y el toro.

También localizó una cueva, en la que pudo organizar una tosca vivienda. Seguro que cerca había algún riachuelo o manantial.

¿Oyó hablar aquí Pitágoras del dios de los judíos? ¿Escuchó la voz de alguno de sus profetas? El historiador Josefo pretende que Pitágoras introdujo en su filosofía las ideas religiosas del pueblo de Israel. Es verdad que la creencia de un

25

dios único y de la providencia, esenciales en la doctrina judía, se encuentran también en los principios morales del sabio de Samos. Sin embargo, la época en la que Pitágoras recorrió el país coincidió con la cautividad en Babilonia del pueblo judío, por lo que los pocos sacerdotes de esta nación que aún permanecían en Fenicia estarían probablemente ocultos y no sería fácil hablar abiertamente con ellos.

No debemos olvidar que Pitágoras poseía, de alguna manera, cierto poder de intuición que en muchos casos llegaba a la adivinación. Es posible que mientras se encontraba en el monte Carmelo captase emociones, palabras y realidades impregnadas en aquellas rocas. Unas vivencias que le obligaron a vivir como un anacoreta. Se encontraba en la frontera del reino de Jahvé, de lo que era consciente porque nunca dejaba de informarse de la historia de los lugares donde llegaba.

La vida como un anacoreta

No ha quedado constancia de que el sabio de Samos hubiese vivido antes como un anacoreta. Lo que sí conocemos es que sus primeros maestros le enseñaron moviéndose por el campo abierto, las orillas de los ríos y las montañas. Se encontraba en Fenicia, que pertenecía a un microclima similar al de las islas griegas. Esto le permitió encontrarse con plantas y árboles que conocía, lo que le proporcionó alimento y bebida. También localizó una cueva, en la que pudo organizar una tosca vivienda. Seguro que cerca había algún riachuelo o manantial.

Cubiertas las necesidades más primarias, se entregó a la meditación. Sus ojos pudieron ir más allá de los montes del Líbano, para quedarse en los valles del gran Hermon. Por solitarios que estuvieran aquellos lugares, acaso viese a algunos cabreros con sus rebaños, comprendió que el pasado se encontraba allí. ¿No creía él que hasta las piedras se hallaban provistas de vida?

Poco nos cuesta imaginarle leyendo en las heridas de las rocas, examinando los restos enterrados bajo la arena o las mar-

cas dejadas en la cueva que le estaba sirviendo de vivienda...
¿No terminaría estableciendo contacto con algún levita fugitivo
que le habló de la religión de Yahvé?

Nos hemos adentrado en el campo de las conjeturas, a
lo que invita el hecho de estar escribiendo la biografía de un
sabio que tomaba como inicio de sus reflexiones hasta lo más
insignificante. Todo nos está permitido; pero sin llegar a con-
clusiones absurdas: hubo una posibilidad de que Pitágoras cono-
ciese la religión judía, de eso no hay ninguna duda.

La llamada de Egipto

Una mañana que Pitágoras había salido de la cueva para
asearse, pudo contemplar atracada en la playa una embarcación
egipcia. Al momento sintió la llamada de este país, que irremi-
siblemente debía ser su destino. Casi dos años había esperado la
ocasión. Y ante aquella casualidad, supo que no podía desapro-
vecharla.

Se vistió con las ropas que ya estaban secas, se peinó el
largo cabello y la barba y, muy despacio, comenzó a descender
por la ladera del monte. Ha quedado escrito que los marineros
egipcios se quedaron anonadados al verle: iba cubierto con unas
telas blancas, sus cabellos eran de un color pajizo y el sol le daba
de lleno. Debió parecerles una aparición, como un dios.

-Llevadme a Egipto -dijo en un tono de voz que sonó
más a una orden que a una petición.

Los cuatro hombres que le escucharon reaccionaron
abriéndole paso. Le ayudaron a subir en el barco y, al momento,
izaron las velas. Quizá ya hubiesen guardado en las bodegas las
provisiones de agua y víveres. Durante los dos días y tres noches
que duró la travesía se limitaron a observar a aquel ser excepcional, que se hallaba sentado en el mismo lugar de la cubierta,
siempre mirando al horizonte. Le dejaron a los pies los cuencos
con comida y agua, sin que nadie le pidiese dinero, ya que estaban sirviendo a alguien superior. Quizá pensaran que con su proceder se estaban ganando el favor de los dioses o evitando algún
castigo de los mismos.

Poco sabemos de estos marinos, a pesar de que alguien los ha considerado piratas. La verdad es que se comportaron como mansos corderos, animados por un tiempo inmejorable, sin que faltara el viento más oportuno y nunca se vieran estorbados por otros barcos. Tantas bazas favorables debieron creer que se las debían a su pasajero.

En el momento que vieron las arenosas costas del Delta del Nilo, procuraron atracar donde la pleamar permitiese que la embarcación reemprendiese la navegación. En seguida ayudaron a Pitágoras a desembarcar, rodeados de un silencio absoluto. Estaban cumpliendo una especie de ritual.

Y cuando le dejaron arrodillado en la playa, mirando hacia el interior, volvieron a su trabajo sin pedir respuestas. Ellos se habían limitado a servir de vehículo o ayudantes de un hombre superior.

La impotencia del Faraón

La carta de Polícrates sirvió para que Pitágoras llegase fácilmente ante el Faraón Amasis, el cual le recibió como a un gran amigo. Le agradaba todo lo griego y quiso escuchar lo que estaba ocurriendo al otro lado del Mediterráneo. Una historia de dos o tres días, a lo largo de los cuales el visitante fue tratado como un rey.

No obstante, llegado el momento de satisfacer las necesidades del joven sabio, el monarca debió reconocer su impotencia ante el poder inmenso de los sacerdotes:

-He de confesarte, amigo mío, que todavía no se me ha permitido entrar en la "Casa de la Mañana", donde debía ser consagrado como el hijo del dios Ra. Muchas influencias he movido para que dos sacerdotes cubrieran sus rostros con las máscaras de Horus y de Tot, con la intención de que me sometieran a las abluciones, me entregasen los talismanes y, por último, pusieran en mi cabeza la corona de Faraón. Pero todavía se me considera un usurpador, aunque sé que no tardarán en ceder estos testarudos. Es cuestión de tiempo.

-He de suponer que no podéis ayudarme, Amasis, porque al solicitar a los sacerdotes que me permitan conocer sus secretos, teméis enojarlos.

-Tienes razón. Pero existe otra posibilidad: mandarte a Heliópolis, donde los sacerdotes me han jurado fidelidad. Ahora mismo dictaré una carta de presentación que va a abrirte las puertas que deseas.

Al pie del trono se encontraba el escriba con su cálamo en mano, sentado sobre las rodillas y dispuesto a convertir en jeroglíficos las palabras de su monarca. De esta manera Pitágoras creyó disponer de otro eficaz salvoconducto. A pesar de que tuviera presente la debilidad del Faraón, al no haber encontrado la manera de enfrentarse al inmenso poder de los máximos representantes religiosos del país.

Una segunda barrera infranqueable

Pitágoras debió navegar en una *bari* (barca de velas de papiro que recorría el Nilo) para llegar a Heliópolis. No conocía el idioma, aunque contaba con los suficientes recursos para hacerse entender: conocía las frases mas imprescindibles que le permitían cubrir sus necesidades básicas y obtener ciertas ayudas. En realidad por todas partes había griegos o gentes con las que podía entenderse fácilmente.

Mientras esperaba ser recibido en el templo, se dedicó a recorrer la ciudad. En ningún otro lugar el dios Ra, el Sol, era tan venerado, aunque se le diera el nombre de Atumm. Allí los sacerdotes habían formado un verdadero centro intelectual y político, por algo se hacían llamar "los que ven". Ellos trazaban el calendario que regía la vida de todo el país; y cuando paseaban por las calles, con sus rostros afeitados y sus blancos vestidos, las gentes se arrodillaban sin atreverse a mirarlos directamente a los ojos. Se contaba que no bebían agua desde el alba hasta el anochecer.

Frente a esta hegemonía religiosa, Pitágoras comprendió que se iba a volver a tropezar con una segunda barrera infranqueable. No dejaba de recordar este comentario despectivo que había oído en Samos, al parecer salido de los labios de un sacerdote egipcio:

-Los griegos sois unos niños que sólo pensáis en la aventura. No poséis ninguna tradición digna de recordar, ningún saber pulido por el tiempo.

Disponía de los suficientes elementos para adivinar el fracaso; pero él era de los que desean comprobar la realidad hasta en los momentos más amargos. La carta del Faraón le permitió hablar con el sumo sacerdote; y algo más:

-Voy a complacerte, extranjero -dijo el importante personaje sirviéndose de un intérprete-. Desde mañana puedes ser alumno de las escuelas que rodean este templo

-Sé que no pretendéis reiros de mí al hacerme esa oferta; pero todo lo que se enseña en esas aulas no supone ni una millonésima parte del saber que se guarda en los sótanos del templo y en el corazón de las pirámides.

-Así que me encuentro frente a un sabio. Entonces voy a mandarte a Menfis, donde los sacerdotes tienen más edad. Ellos decidirán si te hallas en condiciones de ser iniciado en los grandes misterios.

La ciudad de los obeliscos

Pitágoras se encontró, en su camino a Menfis, con las colosales pirámides, que ya de por sí revelaban las grandes diferencias existentes entre Grecia y Egipto. En el primer país los edificios eran diseñados para servir al hombre, aunque fuesen templos dedicados a los dioses, mientras que en el segundo la arquitectura buscaba lo sublime sin importarle lo humano. Significaba la utilización de las matemáticas para buscar un camino hacia el cielo.

No podía olvidar que Tales de Mileto, su segundo gran maestro, había visto en las pirámides la aplicación perfecta de la geometría. Gracias a éstas aprendió a medir la altura de todo tipo de edificios, árboles y estatuas teniendo en cuenta la sombra que proyectaban. No obstante, aquellos monumentos eregidos ante el desierto encerraban unos enigmas que debían ser resueltos. El sabio de Samos comenzó a intentarlo aprendiendo el idioma egipcio, al menos en su forma hablada.

Pitágoras se encontró, en su camino a Menfis, con las colosales pirámides, que ya de por sí revelaban las grandes diferencias existentes entre Grecia y Egipto.

Casi lo había conseguido en el momento que entró en Menfis (el Muro Blanco). La ciudad se encontraba inundada de obeliscos, afilados y resplandecientes bajos los rayos solares. Suponían el más encendido homenaje al dios Ra. Una excesiva cantidad de luz, que contrastaba con el negro celo de los sacerdotes. Un celo que les condujo a rechazar al sabio de Samos como iniciado. No obstante, cuando advirtieron que aceptaba la negativa como algo conocido, le proporcionaron unas cartas para los sacerdotes de Tebas.

No hay duda de que habían quedado impresionados por el aspecto del extranjero, su facilidad para servirse del idioma hablado y la contundencia de sus preguntas. No obstante, era un extraño, aunque hubiese nacido en Grecia, lo que suponía una barrera casi infranqueable. La ciencia que ellos poseían sólo debía ser conocida por gentes nacidas en las orillas del Nilo y que, además, fuesen menos orgullosas.

CAPÍTULO III

EN EL CORAZÓN DEL EGIPTO MISTERIOSO

"La Ciudad de las Cien Puertas"

En el momento que Pitágoras llegó a Tebas, que era llamada "La Ciudad de las Cien Puertas", supo que allí encontraría la ayuda que tanto necesitaba. Había debido viajar junto a la ribera oriental del Nilo, con lo que pasó junto a los dos impresionantes Templos de Karnak y de Lucsor, que en realidad eran unas ciudades sacerdotales. Pero contuvo su admiración.

Su semblante no podía mostrar una mayor inexpresividad, hacía tiempo que la indiferencia le había vestido por completo y lo único que le preocupaba era conocer mejor el lenguaje de quienes pretendían ser sus enemigos, cuando él había llegado cargado de la admiración que siente un fiel discípulo ante sus maestros. La enemistad de éstos era la causa del cambio tan radical que se imponía.

En el momento que se encontró frente a los sacerdotes, su aire de saber lo que le aguardaba unido a la imagen mística que ofrecía, con el largo cabello, la abundante barba y los blancos vestidos, causó una grata impresión. A esto se unió que supo adivinar el contenido de las cartas que acababa de entregar, a pesar de que nunca las había leído como demostraban los sellos intactos que rodeaban los papiros; además, habían sido escritas con los jeroglíficos propios del país.

También recurrió a un "arma" que consideró infalible: enseñar su muslo de oro o ese antojo. Se levantó las ropas y mostró algo de lo que nunca se había sentido orgulloso. Pero estaba seguro de que iba a resultar muy eficaz.

-¿Cómo es posible? -se preguntó el viejo sacerdote, intentando contener la emoción-. ¡Eso prueba que formas parte de la familia del dios Ra! Entonces, ¿cómo has podido ser rechazado en los otros templos?

-No creí necesario identificarme de esta manera.

-Prudente decisión, que has roto al considerar que era tu último recurso.

-Ciertamente.

-¿Sabes realmente a lo que te vas a someter, extranjero? -preguntó el anciano egipcio.

-Sí -fue la lacónica respuesta del sabio de Samos.

Tres días debió esperar a que se materializase su ingreso en la escuela de los Iniciados. Le raparon el pelo y la barba, le vistieron con unas ropas de lino y le calzaron con sandalias de papiro. A partir de aquel momento su alimentación sería netamente vegetariana, con la excepción de que jamás le sirvieron habas, debido a que éstas eran consideradas malignas.

Se ha escrito que Pitágoras permaneció veinte años en las misteriosas escuelas egipcias, lo que le convirtió en el segundo griego que obtenía este honor. Algunos dicen que fue el primero, debido a que Tales de Mileto no permaneció en unos lugares similares más de ocho años.

Algunas de las enseñanzas

Pitágoras comprobó que los egipcios creían en la inmortalidad del alma, a la que llamaban *ba* mientras se hallaba en el interior de un ser vivo. Pasaba a ser denominada *ka* al producirse la defunción, ya que bajo la forma de un gavilán provisto de una cabeza humana viajaba al mundo de los muertos, donde quedaba bajo la protección de la divinidad a la que se había consagrado.

También supo que nada podía existir en el mundo si antes no había sido hablado. Por este motivo el dios Thot personificaba la lengua. Con el propósito de que los seres humanos, los irracionales y las cosas pudieran tener una existencia real debían ser hablados o "proyectados de dentro a fuera" por aquellos que los habían pensado.

-La lengua crea todo lo que ama y, a la vez, todo lo que detesta -le decían los maestros-. La lengua ha creado todo lo que existe. Nada puede vivir si antes no ha sido pronunciado en voz alta.

Le raparon el pelo y la barba, le vistieron con unas ropas de lino y le calzaron con sandalias de papiro.

En un lento proceso aprendió a interpretar y, después, a reproducir los jeroglíficos de la escritura egipcia. Esto le permitió conceder una gran importancia a la palabra hablada, con el propósito de ser conciso, exacto y directo. Se desconoce el momento que fue llevado al *aditum* o el lugar misterioso donde se guardaba la imagen de Dios alojada en una sagrada embarcación. Esto nos permite saber que recibió los atributos de sacerdote, con lo que pasó a ser egipcio por adopción.

La manera de asegurarse la "vida eterna"

Volvemos a recurrir al excelente libro de "Pitágoras, hijo de Apolo", de François Millepierres para conocer las misteriosas enseñanzas de los sacerdotes egipcios:

También fue iniciado Pitágoras en la doctrina de Osiris, es decir, en los misterios de la muerte y la supervivencia, misterios que siempre estuvieron en el primer plano de las preocupaciones del pueblo egipcio. El sabio de Samos asistía, en su papel de iniciado, a las representaciones de la intensa pasión del dios, víctima de Tyfon; a los episodios sucesivos de su muerte, sepultura y resurrección; a la fantástica iluminación destinada a facilitar la búsqueda de Isis, a la procesión solemne que acompañaba la barca divina, a la confección de los "jardines de Osiris", similares a los de Adonis. Osiris, que representaba la vida terrestre y la vida póstuma, era el complemento de Ra, creador y organizador. Así en el "Libro de los Muertos" se dice que Osiris se llama "Ayer" y que Ra se denomina "Mañana". La teología y la liturgia egipcia enseñaban a Pitágoras a no separar los problemas de la vida y del más allá. La muerte debía verla como un renacimiento, el comienzo de otra existencia. Y podemos pensar que Pitágoras fuera admitido a gozar del beneficio de un segundo nacimiento por medio del rito totémico de la piel generadora, rito que aseguraba al iniciado una supervivencia eterna. En virtud de tales creencias, el problema se centraba para los egipcios en salir de la vida terrestre puro y sin mancha, *"en separarse de sus pecados para ver la cara de los dioses"*. *Así también se practicaba la confesión, por lo menos negativa, y hacia el final del imperio, la religión se había desembarazado de formas mágicas para convertirse en la expresión de una fe personal y un deseo muy ferviente de conseguir la salvación. Pitágoras prescribió, más tarde, a sus discípulos el examen de conciencia bocotidiano. Y en esta prescripción, como en las que se refieren al respeto de la vida bajo todas sus formas, con las prohibiciones y tabús que de ellos se derivan, no es difícil ver una influencia egipcia. Nos gusta creer que Pitágoras repetía esta bella plegaria de los sacerdotes de Amón-Ra:* "Corazón de mi madre, corazón de mi nacimiento, corazón que yo tenía sobre la tierra, no te alces en testimonio contra mí; no te conviertas en mi adversario contra las potencias divinas, no acumules motivos de queja contra mí ante el gran dios del Occidente."

Las matemáticas egipcias

Veinte años de aprendizaje es mucho tiempo, y para Pitágoras supuso algo menos de un cuarto de su vida completa. Debió convencerse en este largo periodo de que las matemáticas egipcias cumplían una labor divina, en las que los números ejercían una función universal. Pudo concebir aquí su famoso teorema sobre que el cuadrado construido sobre la hipotenusa de un triángulo rectángulo equivale a la suma de los cuadrados construidos sobre los lados del ángulo recto.

Son muchos los arqueólogos-matemáticos que han demostrado que los constructores de las pirámides se servían de unos recursos geniales: con un círculo inscrito en un cuadrado conseguían dividir, de una forma geométrica, las dos figuras en partes iguales de dos a diez, al mismo tiempo que todos sus múltiplos posibles. Esto les permitía no tener que recurrir a mediciones, ni a cálculos aritméticos. Nada más que precisaban una regla y un compás.

También en esta "geometría secreta" o divina los iniciados egipcios recurrían a la cruz, ya que al unirla con el círculo y el cuadrado disponían de la solución para todos los problemas geométricos y, además, daban forma a las claves de los números y del alfabeto. Para conseguir esto último sólo necesitaban servirse de las diagonales.

Es curioso que Pitágoras no dejase constancia de estos conocimientos. ¿Acaso formaban parte de la serie de secretos que le fueron prohibido comunicar, lo mismo que Tales de Mileto también se reservó otros tantos? Lo que sí ha quedado claro es que el sabio de Samos concedió a los números y a las matemáticas un valor esencial en todos las parcelas de la creación universal: eran símbolos místicos que bordeaban lo divino.

Un desinteresado investigador de la verdad

No creemos que Pitágoras cumpliese en el interior de los templos egipcios la labor de un espía o de un intruso, si tenemos en cuenta que permaneció allí veinte años. Los sacerdotes le hubiesen mandado matar de haber descubierto un sentimiento egoísta en su actitud. Estamos convencidos de que fueron tantos los misterios que se abrían a su ilimitada curiosidad, que siguió allí queriendo saber más. Su cerebro era una esponja inagotable, a la vez que él mismo ofrecería nuevos planteamientos, descifraría enigmas y crearía otros, en un hermanamiento total con sus maestros.

Aquellos eran tiempos en los que los sabios se desafiaban con la mente, no sólo planteándose enigmas a cual más complicado, ya que en muchas ocasiones su retos mentales tenían relación con las inesperadas inundaciones del Nilo, la aparición de los eclipses y el paso de un cometa por el cielo.

Pitágoras se estaba entrenando para ocupar en la conciencia griega el puesto de Homero y Hesíodo. Sin él es posible que nunca hubiésemos conocido a Sófocles y a Platón, dos de sus más geniales seguidores. Porque dejó la ciencia desnuda de ficciones poéticas y místicas, para conceder a la razón el título de la única ruta a seguir. Gracias a su saber la realidad se distinguió de la apariencia y los números de los fenómenos. Esto le concede el honor de ser, para siempre, un desinteresado investigador de la verdad.

Mientras tanto Egipto se derrumbaba...

Hemos de creer que Pitágoras permaneció ajeno a lo que estaba ocurriendo en Egipto. Le importaba la ciencia, la filosofía y las bellas artes, así como todas las demás áreas del conocimiento; sin embargo, no había sabido advertir que un Faraón que se atemorizaba ante los sacerdotes difícilmente podría ser capaz de enfrentarse a unas amenazas superiores.

La gloria del país del Nilo ya contaba más de dos mil años; y se hallaba en su periodo de decadencia. La codiciosa Persia llevaba décadas aguardando su oportunidad. Ésta llegó en el momento que Cambiases, hijo de Ciro, decidió imitar a su padre en los propósitos expansionistas. Sin embargo, no se enfrentaría al Faraón Amasis, ya que éste había muerto seis meses antes, sino a Psamético III.

Los dos poderosos ejércitos se encontraron en Pelusa en el 530 a.C. La batalla fue tan cruenta que murieron más de veinte mil hombres de los dos bandos; además, la derrota consiguió que Egipto profiriese sus primeros estertores de una larga agonía. Los supervivientes consiguieron atrincherarse en Menfis, donde resistieron un asedio de meses. Esto trajo consigo que, al rendirse, fueran pasados materialmente a cuchillo. Cambiases, el vencedor, no mostró ningún tipo de piedad, ya que hasta se ensañó con la momia del Faraón Amasis, al ordenar que la azotaran y, después, la quemaran. Cometería muchas otras atrocidades.

Acaso la peor fuese la de no respetar la aparición del buey Apis, el dios protector de los egipcios. Los habitantes de Menfis celebraron fiestas, debido a que la presencia divina la consideraron el mejor augurio. Es fácil suponer que los sacerdotes habían escondido este animal, que llevaba en la testuz una marca blanca, un águila pintada en el lomo, dobles pelos en la cola y un escarabajo en la lengua, y quisieron mostrarlo como su último recurso. Pero Cambiases ordenó que la bestia fuese llevada a su presencia y, ante los máximos representantes egipcios, la propinó un puñetazo en el cuerpo.

Esta humillación supuso una maldición para él, ya que su fiebre homicida le condujo a ordenar que fuesen ejecutados sus hermanos Bardivia y Roxana. Con ésta se había casado sin importarle las prohibiciones religiosas de su país sobre el pecado de incesto. También asesino por diversión al hijo de uno de sus ministros.

Y dentro de tal espiral de violencia los templos y las pirámides fueron profanadas. Por fortuna se hallaban provistos de pasajes secretos, cuando no de auténticos laberintos imposibles de recorrer sin disponer de un plano, y los daños resultaron escasos en este terreno.

Pitágoras no quiso huir

Nadie debió explicar a Pitágoras la causa que provocaba la interrupción de los rituales y la asistencia a las aulas secretas. Hacía tiempo que había adivinado la proximidad de la guerra. Si cuando se acerca una tormenta, el ganado de montaña busca protección en los lugares donde no puede alcanzarlo un rayo o una riada, él supo de la tragedia por ciertos cambios en la coloración del cielo y en el vuelo de las aves marinas que se habían adentrado excesivamente en tierra firme.

Esto da idea de que pudo huir en muchas ocasiones, como lo hicieron algunos de sus compañeros. Sabía que los invasores le harían prisionero y, al comprobar que era griego, le conducirían lejos de Egipto. ¿No llevaba algunos años pensando que le gustaría establecer contacto con los magos de Sumeria y Arcadia, cuya sabiduría era más antigua que la recibida en el Valle del Nilo?

El historiador griego Jámblico, que es considerado un pitagórico (seguidor de la doctrina predicada por el sabio de Samos), escribió lo siguiente:

40

Hasta que fue llevado a Babilonia por las tropas de Cambiases como prisionero de guerra...

Pitágoras permaneció en los lugares sagrados de Egipto durante veinte años. Allí practicó la astronomía y la geometría; mientras tanto era iniciado en todos los ritos de los dioses (nunca de una manera superficial ni por casualidad, he de añadir), hasta que fue llevado a Babilonia por las tropas de Cambiases como prisionero de guerra.

Mientras estuvo allí se asoció de buen grado con los Magos, que también se alegraron de tenerlo, y fue instruido en sus ritos sagrados y aprendió una forma muy mística de dar culto a los dioses. También llegó al más alto grado de la perfección en aritmética, en música y en las otras ciencias matemáticas que enseñaban los babilonios. Allí siguió por espacio de unos quince años aproximadamente. Volvió a Samos a la edad de cincuenta y seis años más o menos.

CAPÍTULO IV

LA BABILONIA DE ZOROASTRO

El sueño de la ciudad ideal

Se cree que Pitágoras ya había oído hablar de la doctrina de Zoroastro, que en Babilonia mantenían los Magos. Hasta allí permitió que le condujeran los soldados persas. No se tiene idea de que fuese tratado con violencia, ni que se le privara de alimento y de agua. Poseía ciertos conocimientos de medicina, era tenido por astrólogo y adivino, y hasta sus más duros vigilantes le trataban con respeto.

Uno de sus compañeros era el viejo Creso, ex rey de Lidia. Este personaje había gozado de la felicidad durante casi toda su vida, hasta que fue derrotado por el persa Ciro. Tampoco podía lamentarse de la forma como pudo librarse de morir en la hoguera, pues con sólo invocar el nombre de Solón logró que el fuego se extendiera más allá de la zona de castigo. Y cuando las llamas amenazaban con alcanzar los edificios más próximos, recurrió al dios Apolo para que las apagase. Nada más finalizar la tormenta desatada por voluntad divina, fue premiado con el cargo de consejero personal de Ciro.

-La felicidad volvió a mí como un relámpago -contó el afectado a Pitágoras, mientras estaban dando cuenta de un simple plato de lentejas guisadas con aceite de oliva-. Resultó demasiado efímera, lo normal al encontrarme cerca de un rey loco. Ahora formo parte de los prisioneros mejor atendidos, como tú. La verdad es que no lo lamento. Hace tiempo que me convencí de que la dicha nada tiene que ver con la riqueza o el

43

poder. He visto a pobres de solemnidad riendo y cantando todos los días, porque se conformaban con amanecer vivos y tener un mendrugo de pan y una jarra de agua. Hemos de considerar que existimos para morir. ¡Cuántas veces los dioses nos engañan al permitir que nos veamos rodeados de felicidad, cuando en realidad lo que pretenden es que despertemos, inesperadamente, en medio de la derrota y el fracaso!

-Estás hablando de la filosofía de la mediocridad, amigo mío -replicó el sabio de Samos-. Yo la considero más estéril que la fortuna y el poder, sobre todo cuando no va acompañada de la esperanza espiritual. La circunstancia de ser pobre o rico, feliz o infeliz, son meros accidentes. Mi sueño es crear una ciudad ideal, en la que los hombres y las mujeres se conformen con repartir equitativamente lo que poseen dentro de las leyes de la armonía.

Pitágoras tardaría muchos años en convertir esta quimera en realidad. Antes le iba a tocar sufrir un peregrinaje bastante complejo, lo normal en un personaje superior a todos sus contemporáneos.

La muerte del rey Cambiases

En aquellos tiempos los reyes llegaban a verse rodeados de tanta riqueza y poder, que terminaban actuando como tiranos. Si tenemos presente que muchos de ellos habían accedido al trono por medio de la violencia, lo normal es que se hallaran amenazados por la misma. A pesar de que se rodearan de guerreros y de espías, el más fuerte de éstos podía traicionarlos.

Algo similar ocurrió en el momento que dos magos, que eran hermanos gemelos y se llamaban Smerdis y Paticites, se sublevaron y uno de ellos, el segundo, se hizo coronar rey ante la larga ausencia de Cambiases. No obstante, al poco tiempo desapareció el primero y nunca más se supo de él. Conviene resaltar que estos personajes llevaban el pelo muy largo, y era tan abundante que tapaba completamente sus orejas.

Cuando Cambiases se enteró de la sublevación, debió concederse unas semanas para organizar su ejército. Pretendía llegar a Susa, la capital, con la seguridad de obtener una victoria ejemplar. En el momento que reunió la fuerza suficiente, montó en su caballo y levantó la espada para dar la señal de marcha. Pero algo prodigioso sucedió: el arma se soltó de su mano, él mismo cayó al suelo y se fue a clavar su propio acero en una parte similar, por su situación, a la que fue golpeado el cuerpo del buey Apis. En seguida la herida se gangrenó, acaso porque el loco era un alcohólico, y no hubo médico en la corte que pudiese evitar una muerte cruel y dolorosa... ¿El justo castigo por el sacrilegio cometido con el dios egipcio?

Pitágoras fue llevado a Babilonia como un rehén, es decir, siendo un prisionero que podía comprar su libertad...

El asesinato de los Magos

Se hallaba escrito que Babilonia debía vivir varios años más sumida en la barbarie. Cuando el nuevo rey Paticites se disponía a modificar su gobierno, con el propósito de verse rodeado de sus amigos, cometió el error de pasar una noche con Fedima, una de las esposas de Cambiases. En toda la región existía la costumbre de conservar el harén del monarca anterior como demostración de generosidad.

Entre los revolcones amorosos, Fedima pudo comprobar que se encontraba con un hombre al que le faltaban las orejas. Un detalle que nadie había advertido por culpa del abundante cabello que cubría esa zona. En aquel momento recordó que uno de los hermanos gemelos, Smerdis, fue condenado a tan grave pena. Esto le permitió comprender que se hallaba junto a un fratricida.

A la mañana siguiente se lo contó a Otanes, su padre, el cual se encargó de organizar la conspiración. En cabeza de la misma se situó Dario, que al parecer era quien debía ser el nuevo rey. Y una trágica noche al desorejado se le cortó la cabeza, lo mismo que a los otros magos que le apoyaban. Estos macabros trofeos terminaron siendo exhibidos ante el populacho, que se mostró ebrio de sangre. Tanto que se continuó dando muerte a otros personajes, casi todos de la misma categoría, por eso a la matanza se le dio el nombre de "magicidio".

Cuenta la leyenda que para la elección del nuevo rey se decidió, al ser muchos los candidatos, que recayese el honor en el jinete cuyo caballo relinchase el primero antes de salir de la ciudad. Y el elegido fue Dario, a pesar de que "hizo trampas": su astuto escudero ocultó una yegua en celo por donde iba a pasar la montura de su señor. De esta manera Persia eligió a su soberano.

Al cabo de unas meses, en el centro de la ciudad se erigió un monumento al caballo, en cuyo pie se podía leer esta inscripción: "Dario, hijo de Histaspo, pudo sentarse en el trono de Persia gracias al talento de su escudero y al sensible instinto de su caballo."

La Babilonia que vio Pitágoras

Pitágoras fue llevado a Babilonia como un rehén, es decir, siendo un prisionero que podía comprar su libertad. Puede decirse que era un hombre libre dentro de la ciudad donde se encontraba, aunque se le prohibía salir de la misma al no contar con el imprescindible salvoconducto. Con esta relativa facilidad de movimientos, comenzó a reconocer que las posibilidades de aprender eran allí más gratas que encerrado en los santuarios egipcios.

Poco llamó su atención la *Etemenanki* (Torre de Babel), debido a que su interés se hallaba centrado en el mapa celeste que había sido pintado en los techos del Palacio Real. Después de unas horas de observación de esta obra prodigiosa, se convenció de que los sabios caldeos en nada tenían que envidiar a los que conoció en los Valles del Nilo. Porque el movimiento de los astros se hallaba trazado en función de la suerte de los seres humanos. Allí estaba contemplando una verdadera Astrología Moral, que venía a ratificar su teoría: "cada criatura y elemento de este mundo se halla regido por un número".

Peter Gorman proporciona en su libro "Pitágoras" esta interesante información:

Las creencias astrológicas de los Magos y los babilonios estaban relacionadas con la teoría de los contrarios que hay en el cosmos. Por eso se decía que las estrellas transmitían a la tierra las emanaciones húmedas y frías que influían en la estructura del cuerpo de las plantas, de los animales y los hombres. Los griegos también tomaron el nombre de los planetas de los babilonios. Así, Venus o Afrodita recibió el nombre de Ishtar, la diosa babilonia del amor; y el planeta Júpiter el de Marduk, la principal deidad babilonia. Aún más importante es que Pitágoras aprendió de los babilonios que a cada planeta se le asignaba un valor numérico. Por tanto, Marduk = 10; Shamash, el sol = 20; Sin, la luna = 30; Ea, el agua = 40; Enlil, la tierra = 50; y Anu, los cielos = 60. Los valores numéricos aumenta-

ban de diez en diez, de modo que la década o el diez tenía una importancia fundamental para los babilonios. La progresión numérica decimal representaba, al parecer, la distancia que separa los planetas y los elementos entre sí. Este misticismo numérico combinado con la teología astral formaba la base de la pitagórica música de las esferas. Pitágoras definía la música como las relaciones y la interacción de los números y sus razones, de modo que los números que había en el cielo formaban la música cósmica. Los pitagóricos tardíos también asignaban números a los dioses; así Zeus era el Uno, Hera el nueve, y Afrodita el cinco.

Después de haber conocido este saber astronómico, Pitágoras se cuidó de visitar a algunos de los magos que habían sobrevivido a la terrible matanza que se recordaba como el "magicidio". Se cuidaban de algunos sacrificios. Para ellos los dioses eran la luz, el agua, la tierra, el viento y, en especial, el fuego. No creían necesario construir templos, ni ídolos, ya que era suficiente con encender una gran hoguera en honor de *Ahura-Mazda* y las otras divinidades.

Lo que realmente le emocionó, a pesar de que la sabiduría y experiencia debían haber cubierto su sensibilidad de unas duras conchas, fue el encuentro con los seguidores de Zoroastro. Algunos historiadores intentan hacernos creer que Pitágoras se entrevistó con este Iniciado, cuando el suceso resulta inconcebible por haber muerto Zoroastro, al que también se llama Zaratrusta, trece años antes de que naciese el Sabio de Samos.

Breve biografía de Zoroastro

Zoroastro nació hacia el año 660 a.C. en Meda, que era una ciudad que hoy día tendríamos que situar en Azerbaiján. Sus seguidores contaban que salió del vientre materno riendo. Toda su vida se halla repleta de milagros. Nada más cumplir los veinte años, escapó de su casa en busca del hombre más justo y caritativo. Como terminó convenciéndose de que perseguía un imposible, se recluyó en una cueva durante unos siete años. En este tiempo se entregó por completo a la meditación, hasta que se le apareció *Vahu-Mano,* el Buen pensamiento o el Espíritu de la Sabiduría. Más tarde recibió la visita de *Ahura-Mazda,* que llegó acompañado de un coro de arcángeles. Las dos divinidades le enseñaron infinidad de rituales sagrados y, especialmente, le transmitieron una nueva doctrina de piedad: dar de comer a los animales, a los seres humanos más pobres y cuidar el fuego que da calor a todos. También le enseñaron a elaborar el *soma,* que era un licor fermentado que provocaba el éxtasis y ayudaba a conseguir el grado máximo de espiritualidad.

Zoroastro había cumplido los treinta años cuando empezó a predicar una nueva religión. Pero no tardó en verse librando duras batallas mentales y físicas contra *Angra Mainiu* o *Arimán,* la potencia del mal, y los demonios. Después de salir victorioso, le llevó casi dos años convertir a Histaspa, el virrey de Bactriana. A partir de este momento contó con miles de seguidores en Irán y en los países cercanos. Sin embargo, este Iniciado no era enemigo de la violencia, por eso se vio en medio de una serie de guerras santas, en una de las cuales encontró la muerte cuando había cumplido los setenta y siete años.

Lo que a Pitágoras le atrajo de Zoroastro es que en el *Avesta,* el libro básico de la doctrina o reforma que predicaba, se hablaba de luchar contra las supersticiones y la magia negra. Porque en el Cosmos existían dos fuerzas antagónicas: el Bien y el Mal. Para contar con la ayuda de la primera, los seres humanos debían purificarse. Si conseguían mantener esta pureza de una forma permanente, llegado el Gran Día, cuando un apocalíptico Incendio Universal destruyera todas las impurezas, podrían adorar a *Ahura-Mazda* sin ningún miedo a las amenazas de *Arimán.* Entonces todos serían felices, perderían la necesidad de alimentarse y de beber y no harían sombra.

"No harían sombra", ¡qué frase más esperanzadora! Dejarían de causar hasta el menor daño, al ser criaturas angélicas, hermanadas con sus iguales y viviendo en una eterna felicidad.

Esta obsesión por la pureza llevaba a los seguidores de Zoroastro a no depositar sus excrementos, ni saliva, en las corrientes de agua. Tampoco se lavaban en las mismas, ya que preferían hacerlo en recipientes que luego vertían sobre la paja de los corrales. También practicaban la extremaunción en la hora de la muerte.

Lo mucho que Pitágoras aprendió

Se cree que Pitágoras recibió el bautismo en el Eufrates que recomendaba Zoroastro, con lo que quedó libre de los malignos espíritus que originan las enfermedades y los pecados. Con este paso pudo aprender las reglas de la santidad. También le enseñaron a limpiarse el cuerpo con hierbas y plantas mágicas. Para el aseo mental le recomendaron el eléboro y la escila o cebolla de mar. Ésta podía recogerse en las playas del país. El Sabio de Samos la recomendaba, ya que alargaba la vida y proporcionaba una salud excelente.

Pitágoras llamó *ekpyrisis* al Incendio Universal que aguarda a los puros en el Gran Día; y lo incorporó a su doctrina. También aceptó la reclusión en una cueva o en lugares similares para meditar. Estaba convencido de que Zoroastro enseñó una religión de perfeccionamiento moral, que podía aplicarse a los griegos.

Quizá lo que más le agradó fue esa idea de que la existencia en la tierra sirve para que los seres humanos se preparen a vivir una o más existencias posteriores, en las que se encontrarán libres de todo materialismo. En base a esta creencia el nacimiento no suponía un castigo, ya que los seres humanos eran arrancados de la nada para moverse por un sendero de perfeccionamiento, cuyo premio sería una vida superior. Esto alejaba a los dioses como protectores a los que se implora ayuda, debido a que cada hombre y mujer podía hallar el camino por sus propios medios: lo que importaba era la purificación y mantener una lucha constante frente a las tentaciones que ofrece el Mal.

Lo que a Pitágoras le atrajo de Zoroastro es que en el Avesta, *el libro básico de la doctrina o reforma que predicaba, se hablaba de luchar contra las supersticiones y la magia negra...*

Unas singulares coincidencias en China y la India

El historiador Apuleyo cuenta que Pitágoras fue liberado por la crotoniata Gillos, aunque no sabemos su intención. Entre los doce y quince años que aquél permaneció en Babilonia, pudo realizar algunas visitas a China y la India, como apuntan algunos de sus biógrafos. La cuestión es factible al existir un continuo intercambio de mercancías entre los tres países.

Ciertos teólogos encuentran unas singulares coincidencias entre la doctrina predicada por Zoroastro y las de Buda y Confucio. Estos dos Iniciados vivieron en la misma época, pero no el primero. Lo mismo que en el siglo VI a.C. algunos escultores hindues se dejaron influir por el estilo griego, pueden haber circulado los pensamientos a la misma velocidad que las caravanas.

Si al Iniciado Buda unimos la figura de Pitágoras, nos encontramos con unos sorprendentes puntos de contacto: los dos creían en las reencarnaciones, predicaban la fraternidad entre los seres humanos, una vida sometida al ascetismo, un régimen conventual de los futuros sacerdotes o practicantes y la existencia de un dios Sol.

Los puntos de contacto entre el Iniciado Confucio con el sabio de Samos hemos de verlos en la moral cívica o social, que se puede conseguir por medio de la música.

La coincidencia se debió a los sabios de la época

De nuevo vamos a servirnos de François Millepierres, ya que en su magnífico libro "Pitágoras, hijo de Apolo" cuenta lo siguiente:

Notemos, pues, un hecho extraordinario. De un extremo a otro del mundo, Confucio, Buda y Pitágoras, el chino, el hindú y el griego estaban animados en una misma época por análogas inspiraciones y predicaban el mismo evangelio. ¿Es ésta una simple casualidad? Nos cuesta trabajo creerlo. Si no se puede admitir una influencia directa del uno sobre el otro no ocurre lo mismo respecto a la posibilidad de la difusión de sus ideas por obra de los peregrinos que seguían las caravanas. Por otra parte, esta coincidencia se explica teniendo en cuenta que China, la India y Grecia, llegadas a un mismo estadio de la civilización, sintieron a la vez la necesidad de una emancipación moral, por la cual el hombre, tomando conciencia de sus medios espirituales, afirmase su independencia de la naturaleza y de sus fuerzas opresivas y emprendiese una vasta campaña contra la necesidad, el desorden, el mal y la muerte, por medio de la ciencia, de la ascesis y la purificación. El hombre va a tomar posesión de la parte pensante y mística de su ser. Pitágoras será para Grecia un segundo Prometeo que se apoderará del espíritu divino, y gracias al cual el milagro griego lucirá en todo su esplendor. En adelante la humanidad estará en condiciones de iniciar la conquista del mundo de las ideas. A partir de Pitágoras el hombre, según la frase de Aristóteles, puede llamarse ya animal metafísico.

Las ceremonias circulares

Pitágoras también se fijó en muchas de las ceremonias que realizaban los Magos. Las llamadas circulares se efectuaban en el momento preciso que el Sol ingresaba en el signo zodiacal de Aries. Entonces creían que el magnetismo circulaba desde el astro rey a los oficiantes, y de éstos al mismo lugar de la celebración y a todos sus alrededores.

Estas ceremonias circulares se repetían de forma parecida tomando como eje a una mujer iniciada, siempre en los días próximos a la Luna llena. Los seguidores de Zoroastro estaban convencidos de que la luna era el vehículo del magnetismo solar sobre la tierra, su directa intermediaria, y que nada podía realizarse para obtener el enlace con las energías universales si no se invocaba a la "mujer", la luna.

Antes del simple ritual luna-solar los participantes se sometían a unos días de ayuno y purificación física, mental y síquica rigurosa, con abluciones, vahos, meditaciones y ejercicios físicos. Este ritual biológico resultaba muy completo en esas fechas cruciales. Esto predisponía a los presentes a la digna "ofrenda sideral".

Para las abluciones se disponía en cada santuario de un lago o piscina de agua salada. En torno a este líquido se realizaban unas representaciones alusivas, por medio de cantos, recitado de odas y bailes místicos. Todos de gran trascendencia y valor de transmisión.

Las leyes que regían esos cuatro grandes ritmos originarios de la cruz sideral, se consideraban inherentes a la misma naturaleza humana aunque su raíz surgiera de lo universal. Se decía que todas las civilizaciones antiguas las habían practicado, como una necesidad para establecer contacto con los dioses. Suponían las uniones cíclicas con las fuerzas paternales del universo.

Como podemos comprender, Pitágoras adquirió en estos tiempos una conciencia imborrable de la necesidad de acompañar su doctrina de ciertos rituales. Porque la música, el canto y la danza constituían uno de los mejores elementos para otorgar un toque sagrado a sus firmes creencias. Algo que les debió a Zoroastro y a sus hospitalarios seguidores.

CAPÍTULO V

LOS PRIMEROS DISCÍPULOS

Parecía contar veinte años menos

Una vida de permanente ascetismo había permitido que Pitágoras ofreciese el aspecto de un hombre de treinta años, a pesar de haber cumplido los cincuenta y siete. Cuando llegó a Samos en el 513 a.C., los viejos y las gentes de su edad tardaron en reconocerle, pues había partido de allí con el juvenil aspecto de un veinteañero. Llegaron a creer que se encontraban ante un hijo del famoso sabio.

Desde el momento que se corrió la voz, todos supusieron que se hallaban ante un ser extraordinario, que de alguna manera había encontrado la fuente de la eterna juventud. Su desencanto llegó al oírle hablar, pues no le entendían. Se estaba sirviendo de la lengua griega; sin embargo, utilizaba unas frases tan breves y simbólicas que resultaban casi ininteligibles. No tardaría en cambiar, al haber recurrido a una especie de juego: comprobar si sus paisanos se hallaban en condiciones de escuchar la nueva doctrina según él mismo la pensaba.

Lo que más le asombró, además de comprobar que no le iba a ser fácil comunicarse con los griegos, fue que Polícrates continuase sentado en el trono. En seguida recordó que él mismo había "adivinado" la muerte de este tirano. Terminó diciéndose que los aliados del Mal pueden contar con misteriosos poderes. Aunque no tardó en comprender que su "visión" fue acertada, pero no el cálculo del año en el que sucedería el desenlace.

La supervivencia de un tirano

Nadie se ha atrevido a escribir que Polícrates contase con la ayuda del diablo o de algunas de las divinidades que se recreaban viendo esclavizados a los pueblos. El hecho es que se había mantenido cuarenta años en el trono, a pesar de que se viera casi permanentemente asediado por los nobles hombres que formaban el llamado "Partido de la Libertad".

A muchos de éstos los envió a Egipto, junto a las tropas que lucharon junto a Cambiases en su guerra contra el Faraón. Pero la mayoría sobrevivieron, a pesar de que los persas se habían comprometido a matarlos en el momento que finalizase la batalla. A los pocos meses se reagruparon, reclutaron un mayor número de hombres y atacaron Samos por mar. Pero fueron rechazados con una gran pérdida de vidas humanas.

Como no se sintieron derrotados del todo, buscaron la alianza de los espartanos. Unos dos años más tarde, con un ejército bastante numeroso consiguieron invadir la isla y llegar hasta el mismo palacio de Polícrates. Sin embargo, cuando ya creían tener la victoria al alcance de las manos, fueron derrotados al faltarles las provisiones suficientes. Los que pudieron escapar terminaron siendo convertidos en esclavos en la isla de Egina.

La aversión al lujo y a la vanidad

Polícrates llevaba cinco años sin verse sometido a los ataques de cualquier tipo de enemigos. En este periodo de paz había convertido su palacio en la mayor expresión del lujo y de la vanidad humana. Samos siempre había sido una isla rica; y lo fue más en el momento que el tirano mandó construir un acueducto gigantesco, que en algunos tramos pasaba por túneles abiertos en las montañas, para llevar el agua a todos los lugares. El arquitecto de esta obra monumental fue Eupalinos de Megara.

Los puertos fueron protegidos con espigones, se construyeron nuevos templos en honor a Hera, la mujer de Zeus y patrona de la isla, y se levantaron estatuas. Esto trajo consigo que las gentes dejaran de mostrarse hostiles al tirano, más bien porque sus enemigos se hallaban lejos y los familiares de éstos habían muerto por la edad o terminaron resignándose al vivir dentro de una relativa prosperidad.

Pidió que le trajeran un vaso y una jarra de agua, y como alimento le sirvieran un puñado de aceitunas...

Acaso el mayor acierto de Polícrates fuese que tenía a su lado a Demócedes, uno de los mejores médicos de Grecia. Como se le había cubierto de oro, el codicioso se afanaba tenazmente por mantener sano a su fuente de riqueza. Además en palacio se hallaba Anacreonte, el poeta encargado de que su rey no se viera asaltado por los malos pensamientos. Un objetivo que lograba organizando unas oportunas bacanales.

Éste fue el ambiente que se encontró Pitágoras en el momento que fue invitado a una fiesta, que Polícrates organizó en su honor. Antes de que el gran asceta entrase en la sala, Anacreonte se cuidó de recomendarle que procurase halagar al rey. Pero no fue obedecido.

El sabio se negó a comer y a beber lo que le iban sirviendo. Pidió que le trajeran un vaso y una jarra de agua, y como alimento le sirvieran un puñado de aceitunas. Al comprobar que todos los comensales, que superaban el número de cincuenta, le miraban como a un excéntrico, se puso en pie y dijo:

-Todos los que nos encontramos aquí somos unos cuerpos a los que espera la tumba. El lujo y la vanidad los considero vestidos inútiles ante la necesidad de purificarnos. Samos nada más que es una partícula del Hades, por lo que tarde o temprano se esfumará bajo las lágrimas del tiempo. Vivid en armonía con vuestra conciencia, y tened presente que la maldad de los hombres es el peor freno a la felicidad que espera a los bienaventurados allí donde se cultiva la flor del oro.

Sus palabras resultaron tan incomprensibles para aquellos gozadores de placeres materiales, que comenzaron a brotar las risas y los gestos de que acababan de oír a un loco. Pitágoras abandonó el palacio con la sensación de que no estaba en su mundo. Aunque su capacidad de intuición, o mejor diremos su poder adivinatorio, le permitió saber que había dejado una simiente que terminaría alimentando el remordimiento de muchos de aquellos burlones. No se equivocaba.

Debió pagar al primer discípulo

Polícrates dio orden de que nadie molestase a Pitágoras. No le consideraba un enemigo peligroso. Suponemos que procuró estar informado de sus movimientos, pero con la curiosidad de quien contempla a un ser humano único: un orate del que esperaba mil extravagancias.

Singularmente, el sabio se limitó a recorrer la ciudad en busca de oyentes. Las gentes le escuchaban en el momento que planteaba enigmas de fácil solución o ponía ejemplos relacionados con la isla o con los países exóticos donde había vivido. Pero no dudaban en abandonarle cuando intentaba predicarles su doctrina o les hablaba de "no remováis jamás el fuego con la espada" o de que "nadie debía despiojarse en el templo". Como no le entendían, optaban por entretener su tiempo libre jugando a "pares y nones", que era el principal pasatiempo de la isla.

Ante la necesidad de contar con un discípulo, Pitágoras terminó fijándose en un joven que estaba jugando a la pelota. Le pareció tan ágil y armonioso en sus movimientos, que le estuvo siguiendo durante varios días. Una mañana le habló al verle salir de los baños públicos:

–Necesito enseñar a alguien todo lo que he aprendido en el extranjero, pues temo olvidarlo antes de llegar a la vejez. ¿Me ayudarás?

–No sé, señor. Mis padres me han dicho que no tenga miedo de usted. Pero yo...

–Te pagaré tres óbolos por ser mi alumno.

–¿Qué está diciendo? ¡Un maestro es siempre el que recibe el dinero!

La oferta resultaba tan espléndida que el joven aceptó. Nunca se había dado este caso. No se conoce el nombre de este primer alumno, ni de dónde obtenía el dinero Pitágoras. Es fácil suponer que había recuperado parte de las propiedades de su familia, ya que sus padres habían muerto, y las rentas que percibía le estaban ayudando a vivir de una forma desahogada. También estaba casado y tenía varios hijos.

59

La Gruta de las Ninfas

Pitágoras ya había elegido la cueva que iba a servirle como aula. Puede decirse que los orígenes de la ciencia y la filosofía griegas se hallaban relacionados con estos lugares casi cerrados. Por otra parte, el Sabio de Samos había sido educado en lugares parecidos, como los sótanos de los templos egipcios.

Este tipo de maestros necesitaban la soledad, el silencio y la sonoridad que proporcionaban las paredes. Hemos de suponer que la cueva elegida debía hallarse en un lugar frecuentado o que, al menos, nadie consideraba peligroso. De otra forma Pitágoras hubiera sido acusado de corruptor de menores.

Conviene destacar que desde los orígenes de Grecia, los jóvenes efebos de las mejores familias eran confiados a viejos maestros, los cuales no sólo se cuidaban de enseñarles las ciencias, las bellas artes y otras disciplinas, sino que también les adiestraban en lo carnal con unas relaciones bisexuales, en las que muchas veces intervenían los instructores como parte activa.

Así podremos entender mejor porque nadie se escandalizó del trato que pudieran mantener Pitágoras y el jovencito. Pasadas unas escasas semanas, el alumno se sintió tan fascinado por lo que estaba escuchando, sobre todo al ver dibujados en el suelo de la cueva las pirámides egipcias, los zodiacos babilonios y los triángulos, que debió exigir:

-Por favor, maestro, ya no me sigáis pagando. A partir de mañana seré yo quien os devuelva el dinero óbolo a óbolo. Además, si me lo autorizáis, contaré a mis amigos lo que estoy aprendiendo.

-Tienes mi autorización, jovencito.

Una ligera sonrisa brillaba en los ojos del Sabio de Samos. Estaba convencido de que el triunfo se lo debía a la cueva, por algo era similar a la Gruta de las Ninfas, que al encontrarse situada en Itaca fue cantada por Homero en sus "Odas":

60

El anciano del mar, Forkis, entona sus cantos en Aeta, ha construido en los campos de Itaca uno de los puertos más hermosos. Dos puntas adelantadas, que elevan sus rocas abruptas, lo protegen de la furia de los vientos y de los enormes oleajes; dentro los remeros dejan sus embarcaciones sin amarrarlas. En la cabecera del puerto extiende sus ramas un gran olivo, y en las proximidades de éste se halla la Gruta de las Ninfas, tan oscura y maravillosa. Allí dentro se contemplan las cráteras, las ánforas de piedras, en las que llegan a libar las abejas. Encima de sus bastidores de piedra, aparecen las telas teñidas de púrpura que tejen manos invisibles -placer de la mirada- y unas fuentes de agua viva.

Ante la necesidad de contar con un discípulo, Pitágoras terminó fijándose en un joven que estaba jugando a la pelota...

61

La gruta dispone de dos entradas: por la que se abre al Norte descienden los hombres, mientras que la del Mediodía nadie la utiliza al hallarse reservada a los dioses y a los inmortales.

Ulises, el famoso personaje de la "Odisea", se cuidó de dedicar sus plegarias a las ninfas de esa gruta nada más despertar. En seguida dejó meticulosamente en el interior de la misma los regalos que le habían entregado los Feacios: oro, bronce y un montón de telas preciosas.

La importancia de las cuevas

De nuevo acudimos a Peter Gorman, autor de la excelente biografía titulada "Pitágoras", para que nos demuestre la función que cumplieron las cuevas en la antigüedad:

El episodio de la cueva es importante en muchos aspectos, porque fue precursor de futuros acontecimientos. Ayudó a crear una leyenda que influiría en el consiguiente desarrollo de la religión en el Mediterráneo y el próximo Oriente. Vivir en cuevas resultaba muy extraño en Samos; en realidad no se había oído antes del acto revolucionario de Pitágoras. Aunque era la isla más individualista de su época, los griegos que la habitaban se hallaban bastante preocupados por las actividades de la comunidad y el bienestar de la ciudad-estado.

Retirarse a una cueva, incluso con algunos compañeros, suponía una muestra de misantropía y falta de espíritu comunitario. Eurípides, el dramaturgo, fue un tipo antisocial que se retiró a una cueva, actuando posiblemente bajo la influencia de Pitágoras. Jámblico describió la existencia ermitaña de Pitágoras en el sagrado monte Carmelo, donde existía un oráculo solitario de Zeus-Baal.

Para la mentalidad griega, retirarse de la comunidad era una forma de exilio, uno de los peores destinos que podía tener un ser humano. La condición de exiliado es un tema que se repite a menudo en la literatura helénica. Sin embargo, la vida de Pitágoras fue una serie de autoexilios, como si estuviera separado del resto de los hombres. Al vivir en una cueva, terminó creando un mito que sería imitado por sectas tan curiosas como las de los esenios y los ascéticos therapeutai. De este movimiento procedía Juan Bautista y los cristianos que más tarde llenaron los lugares desiertos en la Tebaida egipcia, y que naturalmente vivían en cuevas. El ejemplo de Pitágoras inspiró estos comportamientos en Palestina y Egipto, como ha sido demostrado por Lévy.

Sin embargo, Pitágoras se hallaba desarrollando un método científico de misticismo, basado en el paradigma de las matemáticas, una forma emocional de religiosidad que se convirtió en antihumana y degeneró en excesos de ascetismo y demencia religiosa. Los esenios y sus seguidores también imitaron el misticismo numérico de Pitágoras...

Una capilla natural

Desconocemos lo que pudo contar el primer discípulo de Pitágoras a sus amigos, de lo que ha quedado constancia es que llegaron a ser más de veinte los jóvenes que fueron apareciendo en la cueva. Y al escuchar lo escrito por Homero, se empeñaron en convertir aquel lugar en una réplica lo más exacta posible de la Gruta de las Ninfas.

Casi lo lograron; mientras tanto, iban recibiendo unas lecciones que les fascinaban. Su devoción terminó convirtiendo la cueva en una capilla natural. Para adornarla mejor, pintaron y grabaron en las paredes figuras alegóricas relacionadas con la nueva doctrina. Entre ellas las verdades básicas que iban a permitirles alcanzar una existencia divina más allá de la llamativa Vía Láctea, que fue formada por Amaltea, la cabra que amamantó a Zeus, el padre de los dioses.

Pitágoras hablaba a sus veintiocho alumnos oculto detrás de una pequeña cortina. Dos de las primeras preguntas de su doctrina eran éstas:

-¿Qué es lo más sabio y elevado?

-El número -contestaban los jóvenes a coro.

-¿Qué es lo más hermoso?

-La armonía.

Todos los asistentes eran "matemáticos", pero de acuerdo con la definición griega *manthanein* (aprender). Se encontraban allí para escuchar los nuevos conocimientos, en una especie de noviciado. Pero no podían preguntar, ni plantear objeciones. Con este proceder el Sabio de Samos estaba repitiendo las severas normas de los maestros egipcios, los cuales consideraban que el alumno sólo debía prestar atención, sin más, ya que se le estaba brindando el favor inmenso de conocer unas ciencias extraordinarias. El hecho de preguntar suponía una muestra de desconfianza o de precipitación, al romper las normas establecidas.

La ley de los intervalos musicales

Pitágoras tenía tanta fe en los números como eje central de todo lo existente, hasta de lo inmaterial, que no dejaba de buscar elementos de apoyo. Se cuenta que un día que estaba paseando por la ciudad, al pasar delante de una herrería, le pareció que el golpeteo del martillo sobre el yunque no era regular. Esto le llevó a colgar en una serie de cuerdas de igual tamaño y grosor unos pesos distintos, para comprobar las variaciones de sonido. Pero los resultados no le convencieron.

Finalmente, utilizó un monocordio con el propósito de medir las longitudes necesarias para conseguir las diferentes variaciones de la octava. De esta manera descubrió la ley de los intervalos musicales, que hasta aquel momento se había considerado inalcanzable. T. Gomperz reconoce la genialidad de Pitágoras en su libro "Los pensadores griegos":

De esta manera tradujo en reglas matemáticas, a la vez que encerraba en la categoría de las cantidades calculables, un hecho hasta entonces inaprensible. Es uno de los hallazgos más extraordinarios que conoce la historia de las ciencias. Se abrió entonces ante los ojos atónitos de Pitágoras y de sus discípulos el sugestivo espectáculo de la regularidad universal, de la naturaleza unida a las relaciones numéricas.

Un día que estaba paseando por la ciudad, al pasar delante de una herrería, le pareció que el golpeteo del martillo sobre el yunque no era regular...

El experimento de las cuerdas sonoras ya había sido intentado por los sacerdotes egipcios y los magos babilonios. Quizá el Sabio de Samos hubiese presenciado algunas de estas pruebas, todas ellas con el fracaso como desenlace. Y a él le correspondió el honor de triunfar, para seguir convencido de que gracias a los "números se podía conocer la totalidad del mundo".

El simbolismo de los números

Pitágoras estaba convencido de que entre los dioses y los números existía una relación misteriosa, en la que se basaba la ciencia de la *aritmancia* o la magia procesal. Uno de sus seguidores, Proclo, convirtió en palabras esta teoría: "Antes de los números matemáticos se encuentran los *números animados*." El historiador Porfirio llegó a más al escribir:

Los números de Pitágoras hemos de verlos como unos símbolos jeroglíficos, por medio de los cuales se representaba la totalidad de las ideas relacionadas con la auténtica naturaleza de las cosas.

Se sabe que los antiguos sabios concedían un doble sentido a los números, y los pitagóricos se hicieron famosos en todo el mundo por servirse de esta teoría. No obstante, en el segundo aspecto de tan singular ciencia, al exacto conocimiento de los *números animados* sólo accedían los iniciados. Este poder era revelado a los más puros, al creer que su sentido universal y su simbología no debía vulgarizarse. Adquirían el derecho a conocerlos aquellos que habían superado las cuatro pruebas fundamentales del óctuple sendero. Esto les permitía adquirir una fuerza superior y el grado más elevado de la virtud.

Además de los pitagóricos futuros, que todavía no lo eran los veintiocho primeros alumnos de la Cueva de Samos o Hemiciclo de Pitágoras, todas las escuelas iniciáticas del mundo, lo mismo en oriente como en occidente, veían en los números la concreción y la abstracción, lo simple y lo más absoluto, lo terreno y lo celestial. En esencia creían que los números representaban las leyes que rigen los efectos y las causas.

Por este motivo no podía alcanzar la *apopteia* (estado de perfección y conocimiento de los principios superiores de la existencia en un plano general) aquel que no fuese antes *matemático* (oyente silencioso) en su estado puro.

CAPÍTULO VI

NÚMEROS, ARMONÍA Y BELLEZA

La "década" lo explica todo

El Sabio de Samos creía haber encontrado en el número 10, en la "década", la respuesta a todos los misterios de la vida. Se basaba en que los números anteriores eran esenciales, ya que se necesitaba repetirlos para seguir contando hasta el infinito. La "década" ofrecía sus raíces y cimientos a todo, como si fuera el mismo Universo. Prescindiendo de ella la verdad se hacía mentira y la luz oscuridad.

La "década" se hallaba compuesta por igual número de pares e impares, contenía los primeros pares e impares y el cuadrado inicial. Resumiendo, se hallaba compuesta por la suma de los cuatro primeros números: $1 + 2 + 3 + 4 = 10$. Como terminarían afirmando los pitagóricos:

-Los diez primeros números, cuya representación es la década, son suficientes para explicar la infinita variedad de las cosas, desde la brizna de hierba hasta el Sol, desde la realidad más basta hasta los atributos, maneras y propiedades de las cosas, y hasta los mismos dioses.

Para Pitágoras el número 1 era el comienzo, el esperma que da vida, "el principio de todo". Le concedía el título de padre de los números, la razón en su esencia más pura y la puerta que se abre al conocimiento. En el 2 localizaba la línea, la ciencia y la opinión; y, además, representaba la mónada que va a engendrar a los demás números. En el 3 veía la perfección, debido a que contenía el medio y el fin, con la cualidad de dar forma y superficie al triángulo. En el 4 se hallaba el cuadrado inicial, la salida a la eterna naturaleza, capaz de dar forma a lo sólido y a los seres individuales provistos de un alma eterna y de emociones. En el 5 localizaba el primer número formado por la suma de un par y un impar, luego proporcionaba a las cosas la sensibilidad, digno de representar la luz y el matrimonio. En el 6 observaba el producto inicial de un par y un impar (2 X 3), lo que le concedía el derecho a representar los cuerpos vivos, el alma y el cubo *sicogónico* (generador del alma). En el 7 distinguía la inexistencia de un factor o de un producto en la "década", por lo que simbolizaba la razón. En el 8 encontraba el primer cubo, ideal para simbolizar la amistad al ser el doble del cuadrado. Y en el 9 situaba a la medicina, al simbolizar el último número de las unidades y el cuadrado del primer impar.

La magia de la geometría pitagórica

Cuando el Sabio de Samos inició a sus veintiocho alumnos en los secretos de las progresiones aritméticas y geométricas, no puede extrañarnos que los dejase fascinados. Porque hasta entonces nadie había conseguido exponerlas de una forma tan clara y mágica. Es posible que en un momento dado presentara lo que él llamaba relación armónica o subcontraria (12, 8, 6), la cual demostraba que la diferencia entre el término medio y un extremo es igual que su diferencia con el otro:

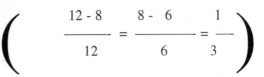

$$\left(\frac{12-8}{12} = \frac{8-6}{6} = \frac{1}{3} \right)$$

Esta ecuación la utilizó Pitágoras frecuentemente: a la hora de explicar los intervalos musicales, en distintas edificaciones que iría construyendo y en el diseño de una ciudad ideal que terminaría dando forma.

Cuando realmente los jóvenes se sintieron creadores, a pesar de estar asistiendo a las clases como matemáticos y oyentes sin derecho a preguntar, fue al contemplar el dibujo de diferentes figuras geométricas: el desarrollo de un cuadrado tomando como referencia otros dos de inferior tamaño, el trazado una gran variedad de triángulos, la inscripción de figuras en un círculo, etc. El matemático Paul Tannery ofreció una imagen muy clara de estas lecciones extraordinarias:

Al conocer lo que se enseñaba en el Hemiciclo de Pitágoras, veo como si toda la geometría elemental estuviera surgiendo de la cabeza de este genio, lo mismo que Minerva brotó de la de Júpiter. Porque se estaba atreviendo con cierto éxito a desentrañar los misterios de la cuadratura del círculo, a trazar tetraedros y dodecaedros y a despejar nítidamente el enigma de la diagonal del cuadrado. Aquello era una demostración de matemáticas y geometría en su estado más puro.

La necesaria armonía

El gran Iniciado griego consideraba muy necesaria la armonía para establecer el justo equilibrio entre dos fuerzas opuestas, sobre todo en el Cosmos. Son muchos los investigadores que atribuyen a Pitágoras el honor de haber utilizado por vez primera la palabra cosmos, en el sentido del "orden perfecto" dentro del Universo. Podríamos entender la armonía como la "unificación de lo múltiple y el acuerdo de lo discordante". Debe ser encontrada en el momento que se aprecie una oposición, como sucede con el par y el impar.

Para los pitagóricos todo lo que resultaba inarmónico se hallaba fuera de la gran ley universal. Suponía el vacío, una burbuja infinitesimal dentro del plano de la armonía. La maldad, el odio en todos sus aspectos, el miedo, la enfermedad, el vicio, la angustia, el dolor y lo negativo eran modalidades inarmónicas.

Sólo cuando el ser humano se transformaba en un vivo instrumento de la gran armonía universal, podía unirse al ritmo de la creación suprema. Entonces se hallaba en situación de interpretar y transmitir las ondas de la existencia, que emanan permanentemente del Sol, el músico supremo, el Creador.

69

Estamos tratando las esencias de la doctrina pitagórica, la que el Sabio de Samos transmitía a sus primeros veintiocho alumnos en aquella cueva-capilla. Creemos que todos ellos se hallaban convencidos de que formaban parte de la Tierra y del Universo, y que se encontraban a punto de convertirse en unas criaturas armónicas. Esto significaba hermosas, buenas y sabias.

Uno de los primeros mensajes de la doctrina de Pitágoras era el reconocimiento del potencial cósmico. Su pedagogía se basaba en los principios esenciales del mito que le impulsaba: encaminar los pasos de los iniciados, por medio de la armonía y de las leyes rítmicas, a la belleza integral.

De esta manera el primer maestro de occidente, sirviéndose de un método directo o sugerido en una cueva que representaba el arte y la armonía, consiguió coronar una obra de colosos: ofrecer al mundo del presente y del futuro un grupo de jóvenes que encarnasen el ideal de la vida griega y lo proyectasen a sus contemporáneos.

La armonía de las esferas

El término "la armonía de las esferas" hemos de verlo como ese sonido celestial que nos rodea, pero que somos incapaces de percibir, a pesar de que estemos gozando de un estado de felicidad poco común. Por ejemplo, a todos nos asombra en las ferias que los encargados de las barracas más ruidosas no se tapen los oídos, lo que estamos haciendo nosotros. Esto obedece a que todos ellos se han acostumbrado, "ya no lo escuchan".

Sin embargo, en la "armonía de las esferas" se presenta un aspecto más sutil: jamás aparece la resignación. Como Pitágoras era uno de esos, vamos a servirnos de unas palabras de Cicerón: *nobles genios que han conseguido que resplandezca, en medio de las tinieblas de la vida humana, un rayo de luz divina, podían verse obsequiados con una situación privilegiada.*

En los atardeceres mediterráneos, cuando la actividad diaria agonizaba, el Sabio de Samos y sus alumnos notaban esa paz propia de quienes saben que están conociendo secretos que los demás ignoran. Un momento ideal para captar la armonía existente entre el cielo, el mar, el aire, la cueva que ocupaban y todos ellos, igual que si se hubiera establecido un pacto de confraternidad.

Cuando la actividad diaria agonizaba, el Sabio de Samos y sus alumnos notaban esa paz propia de quienes saben que están conociendo secretos que los demás ignoran...

Quizá sirva de ejemplo imaginar una gran sala de conciertos, en la que los melómanos asisten a la excelsa audición de una de esas sinfonías inmortales que, por una misteriosa conjunción de fenómenos emotivos y de creación, está sonando mágicamente, debido a que todos los miembros de la orquesta se han superado más allá de sus posibilidades. Algo parecido sucedía alrededor de Pitágoras. El toque de genialidad se lo habían proporcionado todos sus maestros, pero era suyo el mérito de la conjunción de los saberes aprendidos, más el aporte de sus propias deducciones.

Las precauciones más elementales

Quienes han estudiado las primeras iniciaciones en el terreno de la religión, ven claro que el secretismo, la intimidad de los recintos cerrados y el respeto al silencio y a no contar a los extraños lo que allí se enseñaba respondía a una medida elemental de precaución. Los sabios egipcios, lo mismo que otros anteriores a ellos, pudieron comprobar que su ciencia provocaba, al ser oída por los ignorantes, la risa y la burla. Además existía la curiosidad malsana, el diabólico impulso de interrumpir las actividades de los que son motivo de envidia y tantas otras amenazas que nos llevaría muchas líneas exponer.

Pitágoras había podido comprobar en Samos que nadie le quería escuchar porque no le entendían, o se negaban a prestarle atención considerándole aburrido. En el momento que se vio rodeado de veintiocho alumnos que le amaban paternalmente, que le necesitaban vivamente para continuar saciando su hambre de sabiduría, lo primero que les exigió fue que no contasen a nadie, ni siquiera a sus padres, lo que allí se estudiaba.

Gracias a que todos estos jóvenes mostraban una mejor actitud en sus trabajos caseros, agrícolas o artesanales, debido a que los compartían con las clases en la cueva o Hemiciclo, se consideró que habían mejorado. Claro que lo habían hecho. Lo que resulta un tanto problemático de aceptar es que estuviesen practicando las rígidas normas pitagóricas de no comer carne, ni habas. Es posible que al ser tan jóvenes se vieran libres de mantener una alimentación vegetariana.

La belleza como meta

Pitágoras entendía la belleza, en su sentido humano, como la exaltación del individuo hasta su propia perfección. Para conseguirla debía servirse de dos elementos complementarios: el desarrollo total de sus facultades físicas, morales e intelectuales, y procurando imitar el modelo divino.

Como creían todos los iniciados griegos, el ser humano dispone en su interior de la simiente de esa belleza. Por medio de ciertas técnicas pedagógicas se podía conseguir extraerla y, luego, desarrollarla de la forma más positiva. Era muy consciente el Sabio de Samos que con el cultivo armónico de todas las facultades físicas e intelectuales, el hombre y la mujer podían perfeccionarse, empezando por la belleza del cuerpo. El filósofo alejandrino Plotino lo definió de esta manera:

Retírate para conseguir examinar tu interior y no dejes de contemplarte. En el caso de que no te considerases demasiado bello, procura imitar al creador de una estatua: observa el modelo de la belleza para reproducirlo sin el menor error. Para lograrlo elimina trozos de mármol, pule ciertas zonas, suaviza una línea, completa otra y no se detiene hasta alcanzar la meta deseada: la perfecta reproducción. Como él ha actuado, abandona lo inútil, pon derecho lo torcido, da luz a las sombras y nunca dejes de cincelar la estatua que es tu propio cuerpo. Debes perseguir que sobre ti resplandezca el divino fulgor de la virtud, para así poder certificar que la divinidad se halla presente en el santuario que forman tu cuerpo y tu mente.

Pero la belleza también podía encontrarse en la palabra, ya que tenía mucho de música. Pitágoras recomendaba: *Habla sólo cuando la palabra valga más que el silencio.* Concederemos un mayor valor a esta frase clave si tenemos en cuenta que el Iniciado fue llamado el "Hijo del Silencio".

Por lo que afecta a la belleza corporal, sabía de antemano el Maestro de Samos los secretos de su lenta configuración. Se obtenía por medio de ciertos ejercicios físicos, un ambiente artístico, los conocimientos que concedían mayor importancia a lo espiritual que lo material y algunos controles alimenticios.

La leyenda refiere que Pitágoras aprendió en Egipto, Persia y Babilonia a manipular el agua como si fuera una lira. Conocía los secretos para armonizar las fuentes, graduar el sonido delicado de la brisa en los jardines, cultivar el canto de los pájaros amaestrados y tañer una serie de instrumentos de Asia, de África y de Europa, propicios a la armonización de los gestos a través de la danza.

Pero la danza no formaba parte de las enseñanzas que recibían esos primeros veintiocho alumnos, aunque sí de los otros miles que llegarían más tarde, en diferentes lugares de Grecia e Italia. Entonces se comprobaría que el baile místico, aunque fuese practicado individualmente por hombres y mujeres, todos ellos pitagóricos, ayudaba a la belleza del cuerpo humano.

El lenguaje del Maestro

François Millepierres ha estudiado a conciencia la vida de Pitágoras, por eso resulta ideal para entender el comportamiento, muchas veces inegmático, del Iniciado:

El Sabio de Samos enseñaba a sus discípulos encerrados en el Hemiciclo tres series de máximas que correspondían al mismo número de cuestiones esenciales que el filósofo debía plantearse. "¿Qué es lo que existe en la tierra? (pregunta que preside la ciencia); "¿qué es lo mejor?" (pregunta referida a la moral); y "¿qué debemos y qué no debemos hacer?" (pregunta que interesa a la acción).

En verdad, las preguntas del maestro permanecen, aún para nosotros, rodeadas de oscuridad, y algunas de ellas son verdaderos enigmas. Sin duda alguna Pitágoras las envolvió siempre con una apariencia misteriosa. "El divino Pitágoras -escribe Jámblico- ha disimulado las luces de la verdad, encerrando así en una fórmula concisa, destinada a aquellos que podían encontrar en su seno el rayo luminoso, los límites infinitos e inaccesibles de la especulación."

Para todos ellos se reservaba un salto al más allá parecido al discurrir por un universo repleto de sorpresas...

He aquí, por ejemplo, el catecismo de los acusmáticos, tal como se desarrolla en torno a las tres preguntas fundamentales. Sobre la primera se insertan otras tres:

Pregunta: ¿Qué es la isla de los Bienaventurados?

Respuesta: Es el Sol y es la Luna.

P.- ¿Qué es el oráculo de Delfos?

R.- Es la Tetractys.

P.- ¿Qué es la Armonía?

R.- El canto de las sirenas.

La oscuridad de los conceptos es evidente. Podemos interpretarlos; sin embargo, en el sentido de que Pitágoras consideraba el mundo sublunar como imperfecto, oscuro y engañoso; que el único modo existente de conocer aquí abajo la verdad era consultar los números, cuya clave era la divina Tetractyd, y que la ciencia por excelencia es la de la armonía, ciencia de las relaciones que fijan el orden de las cosas y de las leyes que regulan sus movimientos.

A continuación viene el catecismo de las cuestiones en torno a qué es lo mejor.

Pregunta: ¿Qué es lo más justo?

Respuesta: El acto del sacrificio.

P.- ¿Qué es lo más sabio?

R.- El número, y en segundo lugar el verbo.

P.- ¿Qué es lo más sabio aquí abajo?

R.- La medicina.

P.- ¿Qué es lo más bello?

R.- La armonía.

P.- ¿Qué es lo más poderoso?

R.- El espíritu.

P.- ¿Qué es lo mejor?

R.- La dicha.

P.- ¿Qué es lo más verdadero?

R.- Que todos los hombres son ruines.

Pitágoras imitaba aquí a los Siete Sabios, quienes, en su conversaciones de sobremesa, se proponían unos a otros pre-

guntas de este género, todas en forma superlativa. Tales de Mileto decía que la cosa más sabia era el tiempo, y la más fuerte, la necesidad; Cleóbulo, que la mejor era la mesura; Bías, que el número mayor era el de los malvados. Pero Pitágoras centraba y completaba la serie. Se trataba de fijar, con este tipo de interrogatorio, el máximo de perfección a que el hombre puede aspirar, y con arreglo al cual debe ordenar su existencia.

El lenguaje de Pitágoras no ha de parecernos excesivamente hermético. Especialmente si tenemos en cuenta algo como lo que me sucedió a mí (perdonad mi aparición en primera persona) cuando asistí a la tesis que mi hija presentó sobre un área de la Biología Molecular, lo cual le permitió obtener el título de doctora... ¡No me enteré de nada!! Por fortuna, sí comprendí las frases de elogio de los cuatro catedráticos que debían "juzgarla".

En cada profesión existe una forma peculiar de hablar que resulta ininteligible para los demás. La cuestión es así de sencilla. Lo que importa son los resultados: saber que los alumnos de Pitágoras se sentían mejores, nunca dejaban de querer recibir mayores conocimientos y formaban una comunidad irreductible.

Lo que realmente seducía

Nadie discute que cuando los discípulos se sentían más atraídos por las enseñanzas de su Maestro era al tratar la *palingenesia* o el proceso de continua transformación de la materia. Especialmente, en lo que concernía a los seres humanos y a sus reencarnaciones.

Se ha podido demostrar que un gran número de los sabios de la antigüedad consumían opio y otros drogas naturales. Con esto buscaban caer en un profundo éxtasis, que les permitiese trascender a otras dimensiones de la realidad. No vamos a cuestionar si lo conseguían, ni queremos fomentar el consumo de las drogas. Lo que nos cuenta la Historia es que estos personajes, todos ellos reconocidos como gigantes del conocimiento, estaban convencidos de que daban ese salto.

Pitágoras había visto sus reencarnaciones. Podía contar con toda claridad sus distintas peripecias siendo Aetálides, hijo de Hermes, luego en el cuerpo de Eufornio, el héroe troyano al que arrebató la vida Menelao, y cuyo escudo pudo reconocer al verlo colocado en un templo como exvoto. También fue Hermotimes el rapsoda; y Pirro, un humilde pescador de la isla de Delos.

Podríamos seguir, debido a que la leyenda le atribuye reencarnaciones en las raíces de diferentes plantas, en los cuerpos de varios animales y hasta en las entrañas de una madre voluptuosa, que pariría una hija destinada a situarse entre las rameras más famosas de Grecia.

Al escuchar estos relatos fabulosos, los jóvenes alumnos estaban convencidos de que se hallaban libres de la "muerte en la nada". Para todos ellos se reservaba un salto al más allá parecido al discurrir por un universo repleto de sorpresas. Lo que imploraban es que les sucediera lo mismo que a su Maestro: no perder el recuerdo de sus reencarnaciones, ya que si nacían faltos de memoria de su pasado sería como si nunca hubieran existido.

CAPÍTULO VII

VIAJAR ERA UNA RENOVACIÓN

La despedida al primer maestro

Se cree que Pitágoras abandonó Samos para encontrarse junto a Perecides, su primer maestro, al haberse enterado que sufría una terrible enfermedad. Llegó a la isla de Delos junto a su alumno favorito, aquel efebo que jugaba a la pelota con tanta agilidad y armonía. Permaneció allí más de un mes, hablando con el moribundo en sus momentos de lucidez, y siguió el cadáver hasta que fue depositado en un sarcófago de terracota, cubierto de mirtos, ramas de olivo y álamo negro.

Se tiene la certeza de que en aquella isla el Iniciado causó una verdadera conmoción, pues su aspecto era el de una divinidad: blanco el ropaje, largo el cabello y rizada la barba. Además, su piel y aspecto eran los de un hombre maduro, nunca los de alguien que ya rondaba los sesenta años, lo que en Grecia se consideraba la ancianidad.

Después de visitar al maestro agonizante, los pies de Pitágoras quisieron honrarse entrando en el templo de Apolo, pues le consideraba el Engrendador: *el que marcaba las horas de todo lo vivo y de lo inanimado*. Ante el altar depósito sus ofrendas de tortas, leche y frutas, debido a que lo veneraba por ser el único que rechazaba las ofrendas sangrientas.

En el momento que salió del cementerio, cumplida la sagrada obligación con el maestro, comenzó a realizar una especie de estadística sobre las costumbres religiosas de los griegos.

Y a la manera de los encuestadores actuales, fue preguntando a las gentes y a los sacerdotes.

En Creta estaban las "puertas de los Infiernos"

La siguiente etapa del viaje de Pitágoras fue a Creta, la isla que encerraba los secretos más tétricos. Allí Hades había establecido su morada, y la más famosa de sus cuevas se decía que llevaba a las "puertas de los Infiernos". Los sacerdotes se encargaban de organizar estos descensos, verdaderas expediciones en las que sólo participaban las personas más valientes, cuyas piernas ofreciesen una resistencia de atleta.

La leyenda ha dejado escrito que el Sabio de Samos tuvo como acompañante en este recorrido a Epiménides, autor de la *Teogonia,* una obra de quince mil versos, y el único que había salido ileso de su visita a la morada infernal. Una proeza que se la debía a ser un protegido de los dioses, por algo le mantuvieron dormido a lo largo de cincuenta años después de entrar, accidentalmente, en la cueva de Zeus mientras intentaba localizar una oveja que se le había perdido.

Antes de iniciar el peligroso descenso, Epiménides recomendó a Pitágoras que comiese una pasta elaborada con malvas, asfodelos y cebollas albarranas. Así dispondría de las suficientes vitaminas para resistir tan largo y complicado peregrinaje. Una vez superadas un millar de curvas y recovecos, los dos entraron en la cueva de Zeus. Puede decirse que casi toda la mitología helénica se hallaba concentrada en aquel lugar. Sin embargo, por aquellas fechas únicamente era un templo donde ciertos sacerdotes menores rendían culto a la diosa Rea montando orgías místicas, propias de quienes creían en la reencarnación.

El gran Iniciado volvió a comprobar que algunos ceremoniales se repetían en los lugares que estaba visitando: procesiones y cultos dedicados a las divinidades agrícolas. Sin embargo, en Creta fue a comprobar una novedad: se creía que cada ser humano disponía de dos almas, una de las cuales se encontraba dentro del cuerpo y otra en el exterior, por eso la representaban con la forma de una mariposa.

Pitágoras creyó haber realizado el viaje infernal

Conviene que retomemos el descenso a los Infiernos. Pitágoras repitió la experiencia unas nueve veces, para quedarse allí tres días seguidos en los plazos más largos. En algunos de éstos, Epiménides le hizo comer los frutos del árbol sagrado que ocupaba un lugar preeminente en el interior del templo. Allí se encontraban infinidad de tumbas cavadas en las paredes.

Conviene que retomemos el descenso a los Infiernos. Pitágoras repitió la experiencia unas nueve veces, para quedarse allí tres días seguidos en los plazos más largos.

Bajo unos efectos alucinógenos, aumentados por la ingestión de unas tisanas de adormidera azul, el sabio de Samos creyó que estaba realizando el viaje infernal. Como premio a esta conquista, fue iniciado en la antigua religión cretense y le vistieron con un vellón de cordero negro.

La curiosidad de este hombre excepcional no conocía límites. Creemos que su poder de adivinación le permitía saber si iba a salir ileso de todas las pruebas a las que se sometía voluntariamente y, sobre todo, si le servirían para incrementar sus conocimientos.

Pero ya era uno de los personajes más famosos de Grecia. Nada de lo que hacía dejaba de narrarse, la más de las veces magnificado, aunque nunca dejó de contar con detractores. No podríamos situar en uno de estos dos bandos a quien divulgó la historia de que Pitágoras tuvo un esclavo, llamado Zalmoxis, que al ser liberado se convirtió en una especie de dios, capaz de dictar nuevas leyes y predicar la inmortalidad del alma.

La versión de Herodoto

El historiador Herodoto, acaso el más viajero de los griegos, escribió su versión sobre la existencia de Zalmoxis:

Fueron los getas los únicos, entre los tracios, capaces de oponer resistencia a Darío. Por eso se dieron el nombre de Inmortales. Con este título dejaron patente su opinión de que no morían realmente, sino que todos los que llegaban a la vida sólo buscaban reunirse con su dios Zalmoxis. Cada cinco años el rey designaba un comisionado que se enviaba a Zalmoxis para comunicarle lo que se precisaba. Un cierto número de getas se alineaban de una manera determinada, llevando cada uno de ellos tres picas en la mano. Otro grupo cogía al enviado por los pies y los brazos, y lo lanzaba con fuerza para que cayese sobre las picas enhiestas. Si moría en el acto, deducían que la divinidad les era favorable; si sobrevivía, consideraban que el envia-

do resultaba culpable de algún crimen y lo tachaban de malva-
do. En su lugar enviaban a otro comisionado, al que daban sus
encargos mientras se encontraba con vida...

He oído de labios de los griegos que habitan en las
riberas del Helesponto y el Ponto Euxino, algunas particulari-
dades a propósito del dios de los getas. Dicen que Zalmoxis no
era sino un hombre que había sido esclavo en Samos, y que per-
tenecía a Pitágoras. Que luego de obtener su libertad había
amasado grandes riquezas, que le permitieron volver con ellas
a su patria. Añaden que en el tiempo en que los tracios, sumi-
dos en la ignorancia, vivían una existencia miserable, Zalmoxis,
conocedor de la manera de vivir de los griegos, ya por las rela-
ciones que había mantenido con ellos, ya por las lecciones reci-
bidas de Pitágoras, reunía en su casa a los ciudadanos princi-
pales, les invitaba a comer y, mientras estaban sentados alrede-
dor de la mesa, les decía que él y aquellos a quien admitía en su
casa no morirían jamás, sino que serían transportados a un
lugar en donde gozarían de todos los bienes deseables; que a la
vez que se cuidaba de hablarles así se hacía construir secreta-
mente un subterráneo y que, cuando estuvo finalizado, retirán-
dose en él, vivió allí tres años. En este tiempo se le lloró como
muerto por toda Tracia; pero reapareció al cuarto año, confir-
mó así, con su propia persona, lo que había venido anunciando
a sus compatriotas.

En cuanto a mí, considero lo relativo a la construcción
del subterráneo ni como una cosa totalmente falsa, ni como un
hecho absolutamente probado. Pero yo creo que Zalmoxis vivió
muchos años antes que Pitágoras.

En efecto, Zalmoxis no pudo ser esclavo del Sabio de
Samos, pues nunca tuvo a ninguno a su servicio. Lo que viene a
probar esta leyenda es que alrededor de los grandes Iniciados
siempre se tejen historias, las cuales, por inverosímiles que puedan resultarnos, siempre cuentan con gentes que las dan por
ciertas.

La Tracia de Orfeo

El mítico Orfeo, cuya música dominaba a los animales, a las rocas y a la Naturaleza por completo, ha sido relacionado con Pitágoras. Salomón Reinach y otros historiadores le consideran un personaje orfista. Se basan en que toda su doctrina es una copia exacta del orfismo con el añadido de los números. Nosotros discrepamos, aunque hemos de reconocer que se dan algunas similitudes entre las dos corrientes de pensamiento o religiones reformistas: el mito de Dionisos, no aceptar la fatalidad de la vida, las reencarnaciones y la existencia de un alma inmortal.

Pitágoras era un filósofo o un científico. Aceptaba principios divinos, casi irreales, pero sin dejar de demostrarlos por medio de los números. Nunca pretendió convencer a sus discípulos de la existencia de un paraíso por medio del éxtasis, lo suyo era recomendarles la contemplación de las leyes del Universo y la práctica inteligente de las matemáticas y la geometría.

Esparta era una ciudad-cuartel

En su continuo viaje por algunas ciudades griegas, el Maestro de Samos llegó a Esparta. Gozaba de ser la tierra más civilizada del Mediterráneo. Una fama que el visitante no aceptó, porque todo lo que allí se había conseguido era el producto de un sometimiento "esclavizador" a la tiranía del engaño y la barbarie.

En aquella ciudad-cuartel los niños que nacían deformes eran arrojados por una sima, a las gentes se les permitía robar, mentir y otros pecados, siempre que no fueran descubiertos. Jamás se apoyaba el estudio organizado, todos vestían de la misma manera y se fomentaba el orgullo de raza, el manejo de las armas y las luchas cuerpo a cuerpo para encontrar a los más bravos. Se desconocía el humanismo, los sabios eran menospreciados y lo único que se exigía era la obediencia al jefe supremo.

Debemos suponer que Pitágoras no pudo soportar más de una semana escuchando el paso marcial de los soldados, el entrechocar de las armas de quienes entrenaban hasta la extenuación, los gritos de mando de los oficiales instructores, los clarines militares y las canciones marciales. Aquel ambiente se le debió hacer irrespirable.

También le repelió el mal uso que se prestaba a Apolo Pítico, que para él representaba la armonía de las esferas. Los espartanos le consideraban el dios de los ejércitos, por eso le dedicaban cabalgatas militares, danzas cargadas de violencia y otras manifestaciones parecidas.

La sacerdotisa Temistoclea le recibió como a un amigo sincero, por algo había adivinado su llegada.

Delfos, la capital de los helenos

Muy distinto fue el ánimo de Pitágoras al pisar la isla de Delfos. Aquella era la capital de todos los helenos, el lugar donde Apolo libró el gran combate contra la serpiente Pitón. Una de sus primeras visitas fue el famoso Templo, donde la pitonisa Pitia formulaba sus temibles oráculos. Como ha dejado escrito Michelet: *En Delfos se encontraba la mítica gran lira de Apolo, era la misma Grecia, reconciliada por él.*

El Maestro de Samos entró en el Templo con la seguridad de quien cree estar pisando un terreno que le pertenecía. Seguía ofreciendo todo el aspecto de una divinidad, acaso el de un "apolo hiperbóreo". La sacerdotisa Temistoclea le recibió como a un amigo sincero, por algo había adivinado su llegada. Le pidió que escribiera unas poesías en honor del dios supremo; y Pitágoras lo hizo con un verso respetuoso y moderado.

Con el paso de los días pudo darse cuenta de que las multitudes que llegaban a Delfos voceaban como si estuvieran en una feria o en el mercado. Hubiese querido decirles a todos que fuesen más discretos, que guardasen silencio y que no vinieran pidiendo milagros imposibles u oráculos que nunca se cumplirían.

Por fortuna aquellas eran fechas de reuniones para las *anfictionías* (asambleas griegas). Con tal motivo, aparecieron allí las más destacadas personalidades del país. Venían a discutir los problemas políticos, sociales y religiosos. No traían el aire de irse a enfrentar en agrios combates dialécticos, porque Delfos invitaba a la confraternidad, al estímulo y al entendimiento. Nadie dejó de saludar al sabio Pitágoras, cuidándose de invitarle a que les hiciera una visita. En realidad estaban cumpliendo con la obligación de la hospitalidad, porque se consideraban los verdaderos protagonistas del mundo, y la presencia de un hombre tan famoso les restaba importancia.

Conocedor de este recelo, el Maestro de Samos optó por seguir su viaje en busca de la Magna Grecia. Estas tierras pertenecían a la parte del sur de Italia que se hallaba colonizada por los helenos.

CAPÍTULO VIII

LA IMPORTANCIA DE LA PALABRA

La voz es el mejor vehículo de comunicación

Pitágoras enseñó a sus alumnos a hablar en privado y en público. Como primera medida exigió que se conociera a la perfección el idioma, para así encontrar los términos precisos, los más breves posibles, para comunicar las ideas. Vigiló las inflexiones de la voz, las pausas y el control de la respiración, así como el silencioso trasiego de la saliva.

Aconsejó la oportuna utilización de anécdotas referentes al tema y la construcción mental de una sinopsis de lo que se pretendía decir. No dudó en recomendar el empleo de las manos y, sobre todo, que el discurso nunca fuese monocorde. La voz debía ser utilizada como una lira o como un tambor, fluida en su ritmo y sincera.

Se ha llegado a escribir que era poco amigo de la escritura, lo que resulta falso como lo prueba el hecho de que Platón, uno de sus más aventajados seguidores, buscase en la casa siciliana de Arquitas de Tarento un texto titulado *Peri tou Holou* (Sobre el Universo), por el que estaba dispuesto a pagar lo que se le pidiera, hasta su peso en oro. Desgraciadamente, no pudo conseguirlo porque había desaparecido en un incendio.

Primeros pasajes del "Discurso Sagrado"

Nadie se pone de acuerdo a la hora de localizar el lugar donde Pitágoras pronunció su famoso Discurso Sagrado. Unos aseguran que lo hizo en la Magna Grecia, precisamente en la ciudad de Crotona. También hay quien lo considera un escrito. De todas las maneras, lo vemos tan representativo de la doctrina del Sabio de Samos que vamos a reproducir algunos de sus principales pasajes. Por el contenido estamos seguros de que fue dirigido a sus discípulos o a unos seguidores que conocían de alguna manera su doctrina. Lo comenzó de esta forma:

-Vigilad vuestro comportamiento en el Templo, porque todo lo que realicéis os será juzgado. Desde hoy dedicaréis tres libaciones a las divinidades. No olvidéis que Apolo envía sus profecías desde un trípode. El número primero en el Olimpo siempre es el tres. Dedicad vuestros sacrificios a Afrodita a partir del sexto día, debido a que el seis es el primer número que forma parte de los impares y de los pares (2 X 3 es 6; y el 6 es el número del "matrimonio", por ser la unión de los números impares y pares). El numero impar es masculino y el par femenino. Si dividís el seis de cualquier manera, las partes que se quitan son iguales a las que quedan. El seis es el número perfecto: todas sus partes alícuotas sumadas os darán seis (1 + 5 = 6; y 2 + 4 = 6).

"Debéis efectuar los sacrificios a Hércules el octavo día al final del mes siete, ya que este dios fue sietemesino. Cada vez que entréis en el templo vestid una túnica blanca, si es posible nueva y limpia, con la que nadie haya dormido, porque así daréis testimonio de la pureza de vuestras intenciones. Nunca olvidéis que las túnicas rojas como el fuego y las negras son testimonio de pereza, especialmente las lujosas. Llevando una túnica blanca daréis idea de poseer una mente equilibrada y un carácter justo.

"Nunca derraméis sangre en el templo. El líquido que se debe llevar ante los dioses es el agua de mar, porque en el mar comenzó la existencia de todo lo vivo y lo inerte. También portad oro, por algo es el metal más hermoso y el patrón de medida del valor de todas las cosas.

"Si alguna mujer se pusiera de parto en el Templo debería salir del mismo, para evitar que el elemento divino que hay en el cuerpo del recién nacido quede atrapado en el mismo sin posibilidad de salvación. También debéis considerar aborrecible la costumbre de cortarse las uñas y el cabello en el Templo, porque ha de permitirse que crezcan sin el control de los dioses. Nunca se os ocurra matar una mosca en el Templo, porque las divinidades no deben cargar con el peso de una criatura sin valor.

"En los holocaustos a los dioses quemad madera de cedro, hojas de laurel y de ciprés, roble y mirto. Pero jamás os lavéis los dientes con esas hojas. Tened muy en cuenta que la hoja de laurel fue lo primero que brotó en el elemento húmedo, y sirvió como alimento a la primera y más común forma de materia.

"Os prohibo asar o hervir el alimento, porque la madurez no necesita la cólera. Jamás participéis en la cremación de un muerto, porque nada mortal debe contaminar la atmósfera divina. Los muertos deben ser enterrados cubiertos con una blanca vestidura, pues de esta forma se representa la simple y primera esencia del número como el principio original de la creación.

"Olvidaros de los juramentos. Por lejano que os pueda parecer el futuro, siempre es presente para los dioses. Preferid ser víctimas de la injusticia antes que matar a un inocente. Estos actos son juzgados en el Hades, mientras los seres humanos que han alcanzado la perfección se reencarnan en los ciclos establecidos.

"Fabricad los ataúdes con madera de ciprés, porque el cetro de Zeus era de ciprés. Antes de ir a comer haced libaciones en honor de Zeus Sóter y de los Dióscuros, porque ellos proporcionan y gobiernan el pan de cada día. Además cantad himnos a Hércules por ser el poder de la Naturaleza. Cuando bebáis nunca cerréis los ojos, ya que esto no es nada bello y, sobre todo, supone una demostración de vergüenza y timidez.

"En el momento que escuchéis un trueno, tocad la tierra en homenaje a la creación del Universo. Entrad en el templo por el lado derecho, pues la derecha es el origen de los números impares, que son los divinos. La izquierda supone la fuente de los números pares y el símbolo de la disolución..."

Breve comentario

A medida que se vayan leyendo los siguientes capítulos se entenderá mejor el "Discurso Sagrado". Pero conviene resaltar algunas cosas básicas. Por ejemplo, cuando el genial Pitágoras aconseja no cortarse las uñas y el cabello en el Templo, está pidiendo que estas dos acciones, que hoy consideramos necesarias para nuestra higiene personal, se olviden. El Maestro de Samos gustaba de llevar el cabello muy largo, lo mismo que las uñas. Éstas es posible que se las cortara unas seis o siete veces desde que fue liberado de Persia.

En lo que concierne a no matar moscas en el Templo, la figura ofrece una lectura bastante universal: no distraerse en el momento del culto. Pero hay historiadores que ven una defensa de estos insectos, ya que podían significar la envoltura de un alma humana en sus ciclos de reencarnaciones sucesivas.

La importancia que concedió al mar y al laurel proviene de Tales de Mileto, el primer maestro de Pitágoras, y de los sacerdotes egipcios. Éstos creían que todo lo existente nació del mar, en cuyos lodos surgió el laurel como la primera planta.

Lo que queda más claro en el "Discurso Sagrado" es que el Sabio de Samos ya había dado forma a su doctrina, se hallaba convencido de que ofrecía la perfección a los demás y, por este motivo, se encontraba en condiciones de transmitirla a todos los que vinieran a él de una manera abierta y sincera.

La fraternidad entre todas las criaturas

La verdadera doctrina de Pitágoras se había enseñado en el Hemiciclo de Samos y, a partir de aquel momento, llegaría a las nuevas escuelas que se irían formando. Una de las más importantes se encontraría en Crotona.

Puede decirse que las exigencias pitagóricas adquirieron una mayor dureza a medida que los discípulos aumentaban. Se daba por hecho la existencia de una fraternidad entre todas las criaturas, debido a la metempsicosis: las almas efectúan un recorrido circular, similar al de los astros, en unas continuas reencarnaciones que incluyen la estancia en el cuerpo de los animales y de los seres humanos. Por eso se prohibía matar a los irracionales:

-Si tu cuerpo está excesivamente grueso, nunca podrás ser feliz ya que has incrementado el riesgo de no obtener la pureza que te permitirá llegar a la vida eterna...

-No destruirás a ninguna de las mansas criaturas, excepto a las salvajes que estén amenazando la vida de una colectividad. En ningún momento las entregarás a los crueles holocaustos, pues a los dioses se les puede contentar quemando incienso y otros productos obtenidos de la tierra y los vegetales.

Las almas de los irracionales merecían la misma consideración que la de los racionales, hasta el punto de que Pitágoras consideraba que se estaba cometiendo un "parricidio" al dar muerte a un buey, ya que era como si se asesinara al ganadero que lo había cuidado para que le ayudase a labrar la tierra o a tirar de sus carros. El pitagórico Porfirio escribió sobre este tema:

Hemos de aceptar que la totalidad de los animales piensan, y que la única diferencia existente entre ellos y nosotros se da en la forma de vida. Mejor sería que los considerásemos nuestros aliados. Cuando los sacrificamos estamos cometiendo una terrible injusticia.

Se quitaba la vida a un pariente, o como si se comiera al padre o la madre. Así de dramática era la situación, de acuerdo a las creencias de Pitágoras y de sus seguidores, que unos años más tarde sumarían decenas de millares y se extenderían por toda la Magna Grecia. Y seguirían manteniendo su fe a pesar de verse cruelmente perseguidos mucho siglos después.

La obligación de ser vegetarianos

Pitágoras conmocionó a Grecia con su promoción obsesiva del vegetarianismo. Muchos médicos se pusieron de su lado, debido a que el consumo de carne ocasionaba bastantes enfermedades, especialmente por las dificultades que ofrecía su conservación. Sin embargo, como se puede entender, los ganaderos se convirtieron en sus peores enemigos. La mayoría de las bestias se criaban para servir de alimento, y el hecho de que sólo tuvieran que ayudar en las faenas agrícolas, en el transporte y como suministradoras de leche reducía drásticamente sus beneficios. Los perjudicados se irritaban al escuchar discursos como éste:

-¿Por qué los seres humanos debemos imitar a los leones y a los tigres que se deleitan con los festines sangrientos? Tan criminal es engordar con la sustancia de los seres vivos como existir con su muerte. Quien actúa de esta manera retorna al bestialismo de los cíclopes antropófagos. Regresemos mejor a la Edad de Oro, en la que los hombres y las mujeres se conformaban con bellotas, tiempos en los que "sin ningún temor, la liebre corría por los campos libre de cualquier amenaza..." Si sólo se combatiera a las bestias salvajes; pero se da el ensañamiento con los animales domésticos. Cuando se utiliza la carne de las ovejas o la de los bueyes como alimento, sin tener en cuenta que son nuestros fieles servidores, el hacha que los abate, o los dientes que desgarran sus carnes, están cometiendo un homicidio... De esta manera el padre termina por inmolar a su hijo para devorarlo, el hijo devora a su madre, y se organizan banquetes con los familiares que fueron tan amados. ¿No merece este comportamiento nuestros alaridos de terror?

Quienes hablaban así creían en la reencarnación, luego veían en los animales domésticos a unos seres humanos. No llegaban a tanto como ciertas sectas de la India de aquellos tiempos, que recomendaban filtrar el agua y llevar una gasa sobre la cara, para no terminar "bebiéndose o respirando las pequeñas criaturas invisibles que nos rodean".

Es posible que suavicemos esta imagen de fanatismo, si añadimos que las verdaderas intenciones de Pitágoras al imponer una vida vegetariana era verse rodeado de gentes pacíficas, inteligentes y que sólo pensaran en su perfección y en la de los demás. Como la alimentación era una cuestión menor, sólo un medio parecido al hecho de respirar o de beber, el prescindir de la carne en favor de los vegetales y sus derivados, incluyendo la leche de origen animal, lo consideraba un tema menor. Puede hasta resultar anecdótico un consejo del Sabio de Samos:

-Si tu cuerpo está excesivamente grueso, nunca podrás ser feliz ya que has incrementado el riesgo de no obtener la pureza que te permitirá llegar a la vida eterna. Nunca olvides que debes imponerte un autocontrol a la hora de hacer uso de los cosas mortales...

Cambiando la envoltura de este consejo, ¿no recuerda a muchos de los que hoy día escuchamos a los médicos que combaten la obesidad para evitar los infartos, el exceso de colesterol y tantas otras enfermedades?

La prohibición de comer habas

El vegetariano que era Pitágoras prohibía comer habas. ¿Acaso era una contradicción si tenemos en cuenta que esta planta forma parte de los vegetales? Quienes han estudiado el tema, encuentran algunas razones muy variadas, las cuales nos disponemos a exponer:

La primera es que las habas secas eran utilizadas en muchas ciudades de Grecia como "papeletas de votación" en las elecciones públicas. Se podía estar aconsejando no participar en la política o, al menos, ser muy selectivo a la hora de cumplir esta obligación ciudadana.

La segunda es fisiológica, debido a que las habas producen una gran flatulencia. Esto coloca a los seres humanos que las consumen en una situación muy desagradable, aunque mejor deberíamos señalar que peor lo pasan quienes se encuentran a su lado.

Una tercera podría ser que las habas se asemejan a los órganos sexuales del hombre y de la mujer, con lo que se estaba recomendando el autocontrol en las relaciones carnales: no buscar a las rameras, ser fieles al cónyuge y hacer un uso moderado de la sexualidad.

Se ofrecen otras razones más peregrinas, como la de que las habas tenían un parecido con las cabezas humanas o que el tallo de esta planta es un tubo regular por el que las almas encontrarían una vía de paso en sus migraciones de una reencarnación a otra, que preferimos mencionar sin hacer más conjeturas. Nuestra intención ha sido plantear esta singular prohibición de

Pitágoras, cuya condición de filósofo le llevaba a imponerse comportamientos muy singulares.

Las máximas que debían regir una vida

La palabra seguía mandando en la doctrina de Pitágoras, nunca dejaría de hacerlo. Habló con una perfección tan sugerente, que varios de sus seguidores recogieron las máximas que habían escuchado. Algunas las ofreceremos en el último capítulo de esta obra bajo el nombre de *Versos Áureos*.

Para ellos formaban parte de los números en un binomio sagrado. De ahí que Apolo representara la Mónada y fuese enemigo de lo múltiple...

Ya hemos apuntado en un capítulo anterior que ciertos comportamientos pitagóricos fueron copiados por varias sectas y religiones posteriores. También la costumbre de realizar un examen de conciencia dos veces al día sería imitada. Lo que el Sabio de Samos perseguía era que sus discípulos nunca perdiesen el autocontrol. Esa recomendación universal de prudencia que nos dice "antes de reaccionar violentamente o precipitarte cuenta hasta cien", en las nuevos Hemiciclos no se necesitaba, debido a que todos sus miembros esquivaban los errores, los arrebatos emocionales y los pecadillos menores. Con el hecho de analizar sus comportamientos voluntariamente dos veces al día, sin ningún tipo de presión ajena, aseguraban que su caminar por el sendero de la perfección era el idóneo.

Otro de los estímulos era la "sonrisa permanente", nunca la risa. No hacía falta que apareciese en los labios, bastaba con que asomara a los ojos y nunca desapareciese de la mente. Frente a los pequeños contratiempos, se recomendaba superarlos con los propios medios o, si se consideraba imprescindible, recurrir a la ayuda de los hermanos.

Los pitagóricos se hallaban integrados en la sociedad, obedecían las leyes y debían enfrentarse a toda forma de ilegalidad. También respetaban a los dioses del Olimpo, aunque no los veían de la misma forma que los demás griegos. Para ellos formaban parte de los números en un binomio sagrado. De ahí que Apolo representara la Mónada y fuese enemigo de lo múltiple.

Aunque en lo que concierne a las divinidades el Sabio de Samos ofrecía una versión muy singular: se hallaban hermanados con los números, pero nunca eran la meta final. El Dios auténtico carecía de cuerpo, era el éter, el Cielo como dador de la existencia. Podemos decir que esta divinidad tenía como ojos el Sol y la Luna, y como miembros las distintas partes del Universo. Así lo demuestra el pitagórico Empédocles en su libro "Las Purificaciones":

Dios es un espíritu sagrado que recorre el mundo con rápidos pensamientos.

CAPÍTULO IX

LA RECEPTIVA CROTONA

Samos ya era muy incómoda

Pitágoras era un ser humano superior, pero se hallaba condicionado por emociones normales, comunes a todos los demás. Le llamaba su patria, el hogar de sus padres, los viejos amigos, los paisajes que había visto mientras se formaba y el hecho de que en Samos organizó su primer Hemiciclo, en el que pudo al fin comunicar su doctrina a los veintiocho alumnos.

No obstante, Polícrates ya le temía, por lo que le rodeó de espías desde el momento que se enteró que había llegado al puerto. Además, allí nadie le prestaba atención, excepto los familiares de sus alumnos y éstos mismos. Se estaba tejiendo una maniobra política, cuyos hilos manejaba en la sombra el ministro Meandrios con la intención de hacerse con todo el poder. Para conseguirlo contaba con la ayuda del gobernador de Magnesia.

Entre los dos acababan de atraerse al rey persa Oroites, con la intención de que enviase una engañosa carta a Polícrates pidiéndole ayuda al verse amenazado por Cambiases. Como recompensa le prometía una fortuna. Y éste fue el cebo que el tirano de Samos mordió.

Antes de que la tragedia política llegase a su fin, Pitágoras decidió cambiar de aires. Llevaba mucho tiempo pensando en la Magna Grecia. Ya iba siendo hora de que viajase hasta esas tierras, que en aquella época suponían una tentación para cualquier heleno, debido a la riqueza de su suelo, la hospitalidad de sus gentes y que se encontraba en el corazón del Mediterráneo, el mar que todos amaban.

El suelo de la futura Italia se hallaba repleto de emigrantes griegos y de sus hijos. Los nativos hablaban el mismo idioma que éstos y casi compartían las emociones. Es cierto que los primeros que arribaron a las costas "lejanas" eran aventureros, fugitivos y proscritos, como sucedería muchos siglos después en América. Sólo cuando la "Odisea" de Homero se hizo una lectura nacional, los viajes de Ulises invitaron a que mucha gente pacífica se hiciera a la mar. No obstante, al desembarcar en la Nueva Grecia pudieron comprobar gratamente que eran recibidos como hermanos, nunca como enemigos, dado que esos territorios sirvieron para sanear muchas sucias conciencias. La abundancia de las cosechas, la facilidad con que se criaba el ganado y la bonanza climatológica habían conseguido el enriquecimiento lícito. Pero, ¿cuáles eran las ideas religiosas y políticas de estas gentes?

Una idealización inevitable

Ya sabemos que el padre de Pitágoras fue un joyero, que por su trabajo se hallaba obligado a viajar continuamente. En muchas ocasiones se llevó al hijo más avispado, que era tan joven para entusiasmarse rápidamente con todo lo que contemplaba por vez primera. Como pudo llegar a la Magna Grecia, la idea que tenía de ésta había sido idealizada con el paso del tiempo. Algo inevitable hasta para la mente analítica de un filósofo.

Se cree que el Maestro de Samos llegó a la futura Italia en el año 512 a.C. Le acompañaba toda su familia, pues se había casado en Creta con Teanos, hija de Pithanax, con la que tenía dos hijos que ya contaban más de diez años. Esto nos obliga a suponer que conoció a su esposa durante los tiempos que se encontraba en Babilonia o en Persia. (En muchos momentos los historiadores se empeñan en ocultar estos datos, acaso porque todos ellos eran misóginos o porque, al contar los griegos con concubinas, el matrimonio no les merecía ninguna consideración. Lo que nos lleva a lamentar que hayamos debido presentar a unos personajes "como surgidos de la nada".)

La primera ciudad que visitó Pitágoras fue Sibaris, donde vivían casi trescientas mil personas. El lugar era tan hermoso que se ha llegado a escribir: "Nunca han existido unos parajes más bellos que los de Sibaris." Demuestra esta afirmación que en el interior de unos edificios espléndidos se cultivaba la afición a la buena mesa y al lujo desmedido. Podía decirse que todos los habitantes eran "sibaritas" en el más exacto sentido de la palabra, pues a los mejores cocineros se les premiaba con coronas de oro y estaban prohibidos los ruidos callejeros para evitar que se molestara a los participantes en las bacanales. Esto había llevado a que allí no pudieran establecerse los herreros y, además, se cortara la cabeza al gallo que se atrevía a anunciar el alba. Suponemos que no habría ninguno o se disponía de algún recurso misterioso para enmudecerlos.

La leyenda ha dejado escrito que las gentes de Sibaris odiaban los trabajos manuales, y con el simple hecho de ver a alguien levantando una piedra o podando un árbol se cubrían por entero de sudor. Ante un labriego manejando el arado podían acusar un terrible dolor de riñones.

Los sibaritas disponían de unas tierras muy fértiles, cuyo cultivo se reservaba a los esclavos. Obtenían dos cosechas al año de cereales, producían algunos de los mejores vinos del Mediterráneo, mantenían en activo varias minas de plata y habían organizado todo un floreciente comercio marítimo. El oro entraba allí en abundancia, debido a la habilidad de unos grandes negociantes que habían sabido convertir Sibaris en el eje central de la navegación entre Oriente y Occidente, desde el mar Jónico al Tirreno.

Resulta paradójico el contraste entre unos ciudadanos que sólo pensaban en la buena mesa y en el goce material, contrario a todo esfuerzo físico que no sirviera para divertirse, y ese poderío comercial. Hemos de imaginar que existían unos negociantes sensatos, de corazón y mente bien controlados, que eran los que obtenían la riqueza que los demás dilapidaban.

Como podemos suponer, Pitágoras debió escapar de Sibaris a los pocos días de recorrer sus calles. Comprendió que nadie iba a escucharle. Mejor recibimiento obtendría en Crotona, la ciudad rival y antagónica. Y con esta decisión acertó plenamente.

Los primeros milagros

El neopitagórico Apolonio de Tiana dejó escrito este pasaje de la vida de su Maestro que consideramos muy interesante:

Después de otros sabios vino Pitágoras, hijo de Mnesarco, que primero se dedicó a las matemáticas y a los números, pero un poco después desistió de hacer milagros como Perecides. Así pues, cuando un barco de carga estaba entrando en la bahía de Metaponte y los circunstantes hacían rogativas para que llegase felizmente debido a las mercancías que transportaba, Pitágoras se presentó y dijo: "Pronto veréis que este barco trae un cuerpo muerto." En otra ocasión, según refiere Aristóteles, Pitágoras predijo la aparición de un oso polar en Caulonia. Aristóteles escribió muchas otras cosas acerca de él; por ejemplo, relata que en una ocasión mató a una serpiente venenosa a golpes en Etruria. También predijo que habría una revolución contra los pitagóricos; por esta razón Pitágoras se marchó en secreto a Metaponte antes de la revolución. En otro momento, cuando estaba cruzando el río Cosa con unos compañeros oyó una voz fuerte, sobrehumana que decía: "Hola, Pitágoras." Los presentes se asustaron enormemente. Una vez apareció en Crotona y en Metaponte el mismo día y a la misma hora. Como dice Aristóteles, estaba en cierta ocasión sentado en el teatro y se puso en pie para revelar a los espectadores que tenía un muslo de oro.

Todo lo anterior debió ocurrir mientras el Sabio de Samos y sus discípulos, los pitagóricos, marchaban de Sibaris a Crotona. A parte de lo fantasioso que pueda apreciarse en esta enumeración de adivinaciones, milagros, intuiciones y desdoblamientos corporales, lo que no se puede dudar es que el Iniciado era poseedor de unas facultades físicas y espirituales excepcionales. Es posible que supiera ver en el aire, en las aguas y en la naturaleza alteraciones sutiles, producidas por una tragedia o un suceso feliz, que las gentes normales eran incapaces de observar. Nunca debemos olvidar que había aprendido estas técnicas en Egipto, donde se encontraban los más grandes astrólogos y anticipadores del futuro.

El hecho de que el Maestro de Samos pudiera ser visto en Crotona y en Metaponte al mismo tiempo, se atribuye a que poseía la facultad de andar sobre las aguas...

Algunos biógrafos de Pitágoras han apuntado que varios de los milagros atribuidos a éste fueron tan sonados, que corrieron por todo el Mediterráneo. Con el paso del tiempo fueron atribuidos a otros personajes y, curiosamente, aparecen reflejados en el Nuevo Testamento como realizados por Jesús. En este caso no hablamos de plagio, sino de coincidencia al repetirse el milagro.

El hecho de que el Maestro de Samos pudiera ser visto en Crotona y en Metaponte al mismo tiempo, se atribuye a que poseía la facultad de andar sobre las aguas. Como las dos ciudades se encontraban en la costa, los habitantes de ambas le contemplaron mientras realizaba este prodigio. Lo que desconocemos es la razón por la que se sirvió de un recurso extraordinario en lugar de montar en una barca. ¿Acaso para anunciar su llegada a la gente?

También se decía que Pitágoras poseía el don de hablar con los animales, por eso consiguió tranquilizar a un toro salvaje y devolver a un oso a las montañas. Pero éste prometió que nunca repetiría sus ataques a los seres humanos.

La ciudad de los campeones olímpicos

Crotona era la ciudad de los campeones olímpicos, ya que habían obtenido un gran número de palmas en las Olimpíadas celebradas con los números del 40 al 58. Esto había provocado que se estimulara el ejercicio físico controlado, que se amara la perfección y se vigilara la salud. Se mostraba auténtica veneración por los atletas. Acaso uno de los más importantes fuese Filipos, cuya hermosura era tanta que al morir en una batalla se le consideró un semidiós.

Otro de los héroes deportivos se llamaba Faillos, pues había batido repetidamente las plusmarcas de salto de longitud (55 pies) y de disco (95 pasos). También se le recordaba por sus hazañas en la guerra de Salamina.

Un tercer campeón llevó el nombre de Milón, y si nos importa más es porque se casó con Mia, la hija de Pitágoras, y se convirtió en uno de los más fieles seguidores de su suegro. Este personaje había obtenido seis victorias en los Juegos Olímpicos, siete en las competiciones Píticas, diez en las ístmicas y nueve en las Nemeas. Se le consideraba imbatible. Ofrecía el aspecto de un gigante; y no se vio libre de la leyenda: se contaba que podía cargar sobre las espaldas con gran facilidad la estatua de bronce macizo, de tamaño natural, que le reproducía; si hinchaba las venas del cuello reventaba la cuerda que ceñía su cabeza; un día llevó sobre los hombros un buey, adulto y bien cebado, mientras daba la vuelta al Estadio, y luego lo mató de un puñetazo; y pudo salvar a todos los pitagóricos, sus compañeros, al sostener el techo de la casa donde se encontraban, ya que había sido minado por sus enemigos.

Las primeras actividades de este noble gigante dejó de practicarlas en el momento que se convirtió en discípulo de Pitágoras.

El primer éxito del Maestro de Samos

François Millepierres cuenta de esta sugestiva manera las primeras experiencias del Maestro de Samos:

En el momento que Pitágoras desembarcó en Italia o en la Magna Grecia para llevar allí la palabra de salvación, sabía que estaba entrando en un nido de avispas. Pero esto representaba, exactamente, todo un desafío para ensayar su doctrina intentando apaciguar las pasiones que agitaban aquellas bulliciosas ciudades. No se detuvo mucho tiempo en Sibaris; no hay duda de que estimó que la atmósfera moral no era la más óptima, y que sus ideas serían recibidas con risas y burlas. Todo lo contrario esperaba obtener en Crotona, ya que ésta poseía la fama de ser muy seria y hospitalaria.

Una mañana, en el instante que el Sol acababa de despuntar, todavía húmedo el aire por las aguas del mar, Pitágoras se detuvo a contemplar los trabajos de un grupo de pescadores. Estaban arrastrando una red muy pesada. En el interior de la misma, dentro del semicírculo formado por los flotadores, los peces resplandecían al intentar escapar. Los humildes pescadores aceleraban el trabajo, riendo con los andrajos que se ponían para faenar. Finalmente, la captura fue dejada en la arena, igual que una masa estremecida en la que se agitaban reflejos de oro, púrpura y esmeralda. Todo un tesoro, que en el mercado de Sibaris se transformaría en monedas con las que vivir bastante tiempo sin hacer nada, tostándose al sol sobre los muelles o bebiendo bajo el fresco emparrado. Algunos de ellos trataron de evaluar el botín, y cada uno dio una cantidad. Entonces intervino Pitágoras, al que los pescadores no habían prestado atención, para ofrecer su calculo con un número exacto, sin recurrir a la aproximación como habían hecho los demás. Esto provocó que se establecieran unas apuestas. El filósofo dijo que se conformaría con adquirir la pesca a su precio exacto. Al momento se contaron los peces y, cuando la red quedó vacía, se pudo demostrar que Pitágoras había acertado plenamente. Así se cerró el pacto. Sin embargo, cuando los pescadores intentaron entregarle los peces, ya que acababan de recibir el dinero establecido por la compra, advirtieron que seguían tan vivos como al sacarlos del mar. Y en medio de la estupefacción general, el dueño de todo aquel botín dio orden de que fuese devuelto al agua. Cosa que se hizo de inmediato, sin dejar de comprobar que ni un solo pez había muerto.

Entonces los pescadores cayeron en la cuenta de que se hallaban ante el Hombre del que se contaban tantos milagros. Lo que habían considerado una exageración hasta aquel momento. En seguida se encargaron de que el prodigio de la pesca maravillosa fuese conocido en Crotona. A partir de entonces, ya nadie dejó de hablar de aquel extranjero "venido del cielo, cuya figura irradiaba la luz benéfica de los beatos y de los filósofos".

Los pescadores se habían convertido en una especie de corte del Sabio de Samos, al que seguían pidiendo a las gentes que se encontraban en los campos y en las casas que vinieran con ellos. De esta manera la entrada en Crotona resultó casi triunfal, muy parecida a la que se dedicaba a los grandes atletas.

Pitágoras se detuvo a contemplar los trabajos de un grupo de pescadores. Estaban arrastrando una red muy pesada...

La ciudad y toda su comarca se hallaba predispuesta a escuchar una nueva doctrina religiosa, porque habían perdido la fe en la existente. Y allí tenían a un personaje extraordinario, cuyos milagros muchos habían contemplado: además de la pesca se destacó el hecho de haberle visto caminar sobre el suave oleaje del mar, ya que al tenerle cerca le reconocieron los que estaban en la playa.

El Discurso del Gimnasio

Fueron las gentes humildes las que llevaron a Pitágoras al Gimnasio. Allí se habían interrumpido todas las actividades, porque se quería escuchar al "divino extranjero". Y éste no se hizo rogar:

-Me dispongo a hablar a aquellos que pueden oírme porque no son sordos. Pero cerrad las puertas para no distraeros, profanos. Si queréis conocer las verdades, mantened un aire respetuoso.

"Yo os digo que en el universo, en la vida, en las ciudades y en la naturaleza se concede categoría superior a lo que viene antes en el tiempo, sin casi prestar atención a lo que sigue. Así quieren haceros creer que el amanecer es mejor que la tarde, el este mejor que el oeste, el principio mejor que el final, y el nacimiento superior a la muerte. Para mí los habitantes nativos son mejores que los recién llegados; de modo similar, los que emprenden la aventura colonial y los colonizadores de las ciudades tienen prioridad.

"En general, los dioses son superiores a los *daimones,* los *daimones* a los semidioses, los héroes a la raza humana. Todos tenemos una deuda de gratitud con nuestros padres, que es comparable a la que un muerto debe a quien le devuelve la vida. Es precisamente lo que debéis amar por encima de todas las demás cosas, aquellos que son los primeros y que les confieren el mayor beneficio; y que nunca han de ofender a sus padres. Solamente los padres tienen la superioridad de haberos dado la vida, de modo que las causas reales de vuestro éxito en la vida se lo deberéis a vuestros mayores.

"Cuando los hijos damos prueba de que competimos entre nosotros para ser amables con nuestros padres es imposible que ofendamos a los dioses. Resulta razonable que los dioses perdonen a los hijos que compiten entre ellos por honrar a sus padres, porque los hijos hemos aprendido de nuestros padres a honrar a los dioses.

"Por eso Homero engrandeció al rey de los dioses con la misma apelación, llamando a Zeus padre de los dioses y de los mortales. Tradicionalmente muchos de los otros creadores de mitos han relatado que los gobernantes de los dioses, Zeus y Hera, aspiraban a ganarse el afecto compartido por sus hijos como firme soporte de su unión. Por esta razón Zeus y Hera adoptaban cada uno el papel de padre y de madre. Zeus hizo nacer a Atenea de su cabeza, y Hera procreó a Hefesto sin ninguna asistencia de Zeus. Los descendientes tenían naturalezas que eran opuestas a las de sus padres, de tal manera que gozaban de un amor estable.

"Yo os digo que debéis amar a vuestros padres de buena gana para emular a vuestro patrón, el dios Hércules, que, como sabéis, emprendió sus trabajos obedeciendo a un anciano. Cuando finalizó sus trabajos fundó los juegos olímpicos y los dedicó a su padre Zeus como símbolo de su victoria."

El Discurso se hizo más directo e íntimo
Todos los griegos se hallaban familiarizados con los dioses, conocían sus historias y las comentaban hasta en sus casas. Puede decirse que vivían con sus ecos. El hecho de que Pitágoras se hubiera servido de ellos, lo vemos como un recurso para enviar el mensaje del respeto a los padres y, más sutilmente, a los ancianos. Es posible que el auditorio del Gimnasio de Crotona estuviese compuesto en su mayoría por jóvenes, a los que convenía aleccionar para que no olvidasen el deber

sagrado de "amar a sus mayores". Singularmente, en China al Iniciado Confucio (cuya obra hemos incluido en nuestra colección) le preocupaba el mismo tema, por eso no dejaba de insistir obsesivamente que se mantuviera con el mayor vigor posible el amor a los padres.

Volviendo al "Discurso Sagrado", seguiremos con los pasajes más íntimos:

-Debéis comportaros los unos con los otros de tal manera que nunca seáis enemigos de vuestros amigos. Si esto ocurriera, estaríais obligados a haceros amigos de estos enemigos de la forma más rápida. El afecto que sentís por vuestros hermanos debéis hacerlo más profundo amando a todos los demás. Nunca os excedáis en los esfuerzos, mantened el autocontrol, porque la juventud es una prueba de carácter, un momento en el que los nobles deseos son más fuertes.

"Os exhorto a que consideréis que solamente el autocontrol entre todas las virtudes es pertinente para los niños, las chicas, las mujeres y los ancianos, y especialmente para los jóvenes. Gracias al autocontrol se garantizan los bienes relativos al cuerpo y a la mente; preserva la salud y estimula el deseo de perseguir cosas mejores. Esto resulta claro cuando se examinan los resultados de sus opuestos: en la guerra entre los bárbaros y los griegos, en ambos lados hubo muchas víctimas de terribles catástrofes debidas a la falta de autocontrol por parte de una persona. Muchos perecieron en la guerra, otros en el viaje de regreso, mientras que sólo para este crimen los dioses prescribieron un castigo de diez mil años. Apolo predijo la toma de Troya y el envío de las muchachas locrias al templo de Atenea Troyana.

"He de animar también a los jóvenes a que sean educados. Considero verdaderamente extraño que, teniendo en cuenta que las facultades mentales son lo más importante, se entreguen a deliberar acerca de problemas secundarios, sin emplear esfuerzo alguno en ejercitar la mente. El excesivo cuidado del cuerpo, ocupación despreciable, lo tienen en común con los más bajos de sus amigos, pero la educación es la reserva de la persona noble, y dura hasta la muerte, y a algunos incluso después de la muerte les proporciona fama eterna.

"Si os fijáis en la historia y en las creencias corrientes, comprobaréis que la educación es el mérito que tienen en común los que sobresalen en cada generación, porque sus logros son los que educan a los otros. La educación es una cuestión de una importancia tan natural que puede ser recibida de cualquier otro y, además, quien la proporciona sigue reteniéndola. Otras laudables posesiones o bienes es imposible recibirlos de otros, como la fuerza, la belleza, la salud y el valor, pues quien los da no puede retenerlos, como la riqueza o el poder. De igual forma, por lo que afecta a determinadas propiedades, no se halla en los hombres la posibilidad de adquirirlas, pero uno puede ser sólidamente educado según su libre inclinación.

"Recordad que los asuntos de gobierno nunca han de ser tratados de una manera desvergonzada sino con educación. La educación es casi la única cosa que distingue a los hombres de los animales, a los griegos de los bárbaros, a los hombres libres de los esclavos, a los filósofos de los hombres de la calle. Es difícil encontrar personas con una pericia fuera de lo normal; así, pues, únicamente se encontraron siete corredores extraordinariamente rápidos en los juegos olímpicos, todos de una ciudad. En todo el mundo hubo solamente siete sabios que pudieran contarse. En tiempos pasados, en los cuales yo he vivido, había un solo filósofo sobresaliente. Y éste es quien os habla. Pero desde hace unos años ya me acompañan veintiocho. Por eso sé que entre vosotros, los que me escucháis, he de encontrar seis veces más de esa cantidad de filósofos."

Como se puede apreciar, a Pitágoras le importaba la educación porque era lo que él pretendía enseñar. Quienes han estudiado el discurso no lo consideran excesivamente brillante; sin embargo, tienen muy en cuenta que por vez primera adaptó sus palabras a la mentalidad de quienes le escuchaban: practicaban otra forma de educación, la física, y amaban a sus mayores, aunque no lo suficiente. De esta manera, el Maestro de Samos consiguió una gran cantidad de seguidores, entre los cuales seleccionaría a los mejores.

Pero, más allá de sus palabras, lo que realmente impresionó al auditorio es haber escuchado a un "ser divino", que hacía milagros, adivinaba cosas que nadie veía y poseía otras facultades extraordinarias.

Por otra parte, "la selección de los mejores" que había mencionado Pitágoras es una cuestión vital, que trataremos en seguida. Uno de los riesgos que el Iniciado quería evitar era la pérdida de tiempo, de ahí que la selección de sus discípulos lo considerase tan importante.

CAPÍTULO X

LA SOCIEDAD PITAGÓRICA

El Senado quiso juzgarle

El Discurso en el Gimnasio sirvió para que las palabras de Pitágoras calaran hondo en los oídos de los crotoniatos, especialmente en los atletas. El coloso Milón fue uno de los primeros que se animó a seguirle. No le había entendido demasiado, pero confiaba en conseguirlo más adelante, cuando se le presentara la ocasión de preguntar.

A partir de aquel día todos quisieron agasajar al "divino extranjero que hacía milagros y hablaba con voz de oro". Esto provocó la alarma de los gobernantes. Después de celebrar una reunión urgente, decidieron juzgarle en el Senado, que era tan grande como para acoger a un millar de los representantes de las familias fundadoras de la Colonia. El carácter de la misma era timocrático, al ser regido por los poderes comerciales, industriales y financieros. Allí no había políticos, y sí banqueros, constructores, comerciantes, agricultores y constructores.

A todos les asustaba la aparición de un agitador, que pudiera interrumpir la excelente marcha de la economía. Quizá se mostraron recelosos antes de escuchar las palabras de Pitágoras. No obstante, a medida que fueron conociendo sus intenciones se tranquilizaron. La doctrina que se les ofrecía era netamente moral: la perfección del ser humano por medio de la eliminación de la enfermedad, tanto en el plano físico como en el espiritual, de la ignorancia, de la lujuria, de la anarquía y de los enfrentamientos entre las familias y los vecinos.

Un mensaje de lo más esperanzador para los senadores. Y el hecho de que fuese acompañado de la creencia en las reencarnaciones, junto a la recompensa de la Isla de los Bienaventurado, lo consideraron propio de una religión que debía ser apoyada con el mayor entusiasmo.

Nadie pudo olvidar que se venían produciendo algunos conflictos sociales, debido a los altos beneficios de los burgueses y a los sueldos "congelados desde hacía años" de los obreros. Los más avispados creyeron ver que si se permitía el desarrollo de una nueva doctrina, aunque ello supusiera una merma de sus arcas, conseguirían distraer al pueblo. Lo que no imaginaban es que cuando el oleaje se agiganta ni uno solo de los ocupantes de la playa se libra de ser empapado y hasta llevado al mar, por mucho que se luche para impedirlo.

De nuevo las reencarnaciones

Aquella noche Pitágoras y los suyos fueron invitados a cenar en casa de Milias. Éste era uno de los principales comerciantes de Crotona, célebre porque en su cocina trabajaban las dos mujeres que mejores platos servían. Una mesa fastuosa aguardaba a los importantes comensales.

Sin embargo, el Maestro de Samos pidió que se vaciara la mesa, ya que él y los suyos se limitarían a comer una sopa de verduras, un asado de calabaza y un cantero de pan. Esto supuso que el anfitrión se sintiera ofendido. Para tranquilizarle, Pitágoras le dijo:

-Has vuelto a recuperar tu viejo orgullo, Milias de Crotona. Algo normal en ti.

-Pero, ¿por qué decís eso, extranjero? ¿Acaso pretendéis confundirme después de haber despreciado mi comida?

-Tranquilízate que todo tiene su explicación. Me refiero a que hace doscientos años tú fuiste el orgulloso rey Midas de Frigia.

-¿A qué os estáis refiriendo...? -preguntó el comerciante totalmente anonadado.

Muy despacio se fue convenciendo, a medida de que escuchaba a Pitágoras, de que no se le mentía. Y tanto creyó lo que acababa de serle revelado, que unas semanas más tarde viajó a Frigia, para llevar a cabo sobre la tumba del rey ciertos rituales que el Iniciado le había recomendado.

-Tranquilízate que todo tiene su explicación. Me refiero a que hace doscientos años tú fuiste el orgulloso rey Midas de Frigia.

Este proceso de recuerdo de las reencarnaciones o *anamnesis* lo practicó el Maestro de Samos con otros hombres y mujeres de Crotona; pero sin convertir la práctica en un espectáculo de feria. Más bien lo hizo porque estas personas habían dejado algo pendiente en una de sus pasadas reencarnaciones, acaso un pecado sin purgar, que debían reparar para dormir tranquilos.

Las siguientes actividades de Pitágoras

Como primera medida se permitió que Pitágoras siguiera utilizando el Gimnasio para sus discursos o predicaciones. Era el foco de toda la atención. Debió organizar su estancia y la de su familia, junto a los discípulos que le habían seguido hasta Crotona, de tal manera que no ofendiese a los demás. Antes de sentarse a una mesa, se cuidaba de señalar lo que iba a comer y beber. Y su frugalidad vegetariana constituyó otro motivo de asombro, cuando en todas las casas se hallaban dispuestos a servirle los manjares más caros y suculentos.

Como sucede hoy día con los distintos ídolos deportivos, musicales o cinematográficos, las gentes de Crotona empezaron a imitar a los pitagóricos en el vestir, en el aseo personal, en la alimentación y en otras costumbres. No fue una transformación inmediata, ni masiva, pero sí continua y, a la larga, sincera. A muchos crotoniatos eso de privarse de la carne, de los excesos en la cama y de olvidarse del vino no les atraía, y menos a los comerciantes que suministraban estos placeres. Pero fueron rindiéndose.

Al carnicero que se quejó durante las primeras semanas que estaba perdiendo ventas, los demás comerciantes le compensaron económicamente. Después, ya no fue necesario porque aquél era uno de los seguidores convencidos del Sabio de Samos.

En este ambiente de devoción no se consideró exagerado que les pidiera, mientras daba una conferencia ante diez mil personas, la construcción del Templo de las Musas "como la

114

mejor forma de que la concordia se mantenga intacta en vuestras calles".

Siguió hablando de que la tierra donde uno ha nacido supone un orgullo, que implica derechos y obligaciones. Lo mismo que se desea un buen gobierno, cada hombre y mujer ha de cumplir las leyes por sí mismo sin coacciones de ningún tipo, porque en el Cosmos se terminaban pagando estas faltas. Pidió que desecharan del vocabulario los juramentos y las frases groseras. A los maridos les recomendó que tratasen a sus esposas como ellos desearían ser tratados, porque este respeto mejoraría a los hijos. Que fueran fieles al dejar de lado cualquier tentación adúltera. Y añadió otras recomendaciones humanísticas, que muchos historiadores han tachado de un socialismo en estado puro.

El Sabio de Samos se hallaba dispuesto a crear en Crotona su "ciudad ideal". No le faltaban los mimbres para conseguirlo, debido a que aquellas gentes le seguían como las virutas del acero al imán. Obedecer sus consejos no suponía un gran esfuerzo, sobre todo al saber que quien se los daba había superado los sesenta años y continuaba ofreciendo el aspecto de tener sólo treinta.

"¿No poseerá esta figura tan espléndida por la alimentación y el régimen de vida que llevan él y los suyos?", se preguntaban los crotoniatos.

Hablando a los niños

Los espontáneos seguidores de Pitágoras estaban trabajando mejor, no se quejaban y parecían aguardar el final de la jornada para ir a escucharle o, en el caso de no haber obtenido este honor por encontrarse el local repleto, confiar en que se les iba a contar el tema del discurso. Todo un triunfo para los senadores, ya que se felicitaban por haber apoyado al "divino extranjero".

Dentro de esta atmósfera de confianza, los gobernantes de Crotona pidieron a Pitágoras que hablase con los niños en el templo de Apolo Pítico. Y quien adoraba a los niños, por algo eran los predilectos de los dioses, intermediarios ideales por su inocencia para implorar las lluvias en época de sequía, se mostró complacido.

Aconsejó a los jovencitos que escucharan en silencio antes de hablar, que amaran a sus padres, que no jugaran con objetos cortantes ni sucios, que aprendieran a lavarse bien todas las partes del cuerpo, especialmente los dientes, que nunca metieran la mano en las vasijas de miel ni jugaran con el perro de los extraños, y...

Como no quería que se distrajeran, les habló del inmenso Nilo, cuyas aguas se desbordaban una vez al año cubriendo los árboles y algunas casas. Sin embargo, esto nadie lo consideraba una tragedia, porque servía para fertilizar la tierra, hasta el punto de que allí se obtenían las cosechas más abundantes del mundo. También describió las pirámides, construidas por unos artistas geniales, cuyo mayor pecado fue conseguirlo a costa de la vida de miles de hombres.

Y cuando el auditorio infantil se hallaba más sobrecogido, volvió a lanzar sus mensajes morales. Eran normas de educación y de respeto a los mayores, sin ningún mensaje religioso. Porque deseaba moldear las conciencias, sabedor de que el árbol que nace recto, sin ramas de más que malgasten la savia, al final proporciona frutos durante toda su vida.

Con esta forma de dirigirse a los niños logró algo parecido, pero sin el perverso desenlace, que el flautista de Hamelín. Los niños nunca se hubieran marchado del Templo; pero ya era la hora de que fuesen a comer. Sus padres esperaban fuera, sin impaciencia porque confiaban en el gran Iniciado.

Hablando a las mujeres

También los senadores de Crotona pidieron a Pitágoras que hablase a las mujeres; pero en esta ocasión dentro del Templo de Hera. Se encontró con representantes de todas las edades y situaciones sociales. Cada una de ellas expectante.

Las invitó a que amasen a sus maridos fielmente, pero sin dejar de exponer con serenidad sus preocupaciones. Porque lo que importaba era crear en los hogares un ambiente de armonía, en beneficio de la educación de los hijos. Pero a muchas les dejó completamente asombradas que les recomendase amar a sus maridos más que a sus propios padres, aunque todas lo aceptaron al recordarles que habían dejado atrás la casa paterna para formar otra muy distinta, por eso debían concentrar en la misma todo su interés.

Pero a muchas les dejó completamente asombradas que les recomendase amar a sus maridos más que a sus propios padres...

También las aconsejó que llevasen al templo prendas realizadas con sus manos o plantas que hubiesen cultivado. Porque a los dioses les era más grato recibir lo que costaba un esfuerzo personal e iba acompañado del amor y la veneración.

Al día siguiente, fueron muchas las mujeres que llevaron sus ropas más lujosas al templo de Hera, la esposa engañada infinidad de veces por Zeus. Sin embargo, semanas más tarde pidieron a Pitágoras que realizase unas recomendaciones parecidas a los maridos, especialmente sobre la vida conyugal.

Se sabe que éstos, al ser reconvenidos por el "divino extranjero que hacía milagros y hablaba con los animales", se sometieron a la fidelidad conyugal: dejaron de frecuentar a las rameras, regularon mejor la situación de sus concubinas al convertirlas en esposas de segunda clase y abandonaron cualquier contacto con los efebos, ya que se les había prohibido toda actividad sexual ajena a la procreación.

De pronto Pitágoras dejó de ser el actor principal

Pitágoras era partidario de la eugenesia moral, porque deseaba que los padres se sintieran satisfechos con sus hijos, los quisieran concebir y tomaran todas las medidas para que nacieran sanos. Lo esencial era que el matrimonio mantuviese una vida autocontrolada, por medio de una alimentación moderada y ciertas medidas higiénicas y sanitarias. Nunca se podía abandonar al azar un acto que era sagrado, ya que permitía el nacimiento de un ser humano, portador de un alma inmortal que se hallaba destinada, en el caso de que se sometiera a la necesaria perfección, a reencarnarse.

Como medida cautelar recomendaba que el acto sexual se realizara previo acuerdo de los cónyuges, se eligieran los meses de invierno preferentemente a los de verano y se usara la cama limpia, bien aireada y cómoda. Debía abandonarse el uso de los corrales, las cocinas y los muebles sucios, debido a que el matrimonio estaba formado por seres humanos, nunca por

118

bestias. En realidad el Sabio de Samos era más partidario de que los esposos se sometieran a largos periodos de castidad.

Singularmente, en el momento que toda la colonia de Crotona había aceptado la doctrina de Pitágoras, éste se cuidó de abandonar la vida pública. El hecho ocurrió cuando pudo disponer de unos edificios propios, en los que comenzó a educar a sus alumnos. Su explicación fue similar a ésta:

-No resulta aconsejable abrir a todo el mundo las puertas del espíritu, porque mi doctrina no es una posada. Lo que yo predico debe ser enseñado a unos iniciados, nunca a los profanos, porque es necesario conseguir filósofos que conozcan a la perfección el Mensaje.

Con este proceder no dejó de imitar a los sacerdotes egipcios y a los magos babilónicos y persas, que también imponían unos "seminarios" inflexibles a sus iniciados. Para realizar unas prácticas secretas, ritualizadas, dentro de unos recintos privados en los que se consiguiera la atmósfera ideal para aprender la doctrina. Con jerarquías establecidas, autodisciplina y la imposición a los iniciados del papel de *matemáticos* (oyentes silenciosos que no podían formular preguntas).

Ya se encontraba Pitágoras en la mejor situación para crear en Crotona su *homakoeton* (Congregación), que debía constituir el paso más importante para dar forma a la ciudad ideal que siempre había soñado. Pero nunca de una forma autoritaria, sino por medio de la razón y el ejemplo: "lo que yo puedo hacer tú debes repetirlo o superarlo, aunque hoy lo consideres imposible, porque los dos somos iguales".

La Sociedad Pitagórica

El gran escritor y periodista italiano Indro Montanelli, en su libro "Historia de los griegos" nos cuenta esto:

...*Pitágoras fundó en Crotona la más "totalitaria de las academias". Podían ingresar tanto varones como hembras; pero antes tenían que hacer votos de castidad y comprometerse a una dieta que excluía el vino, los huevos, la carne y las habas (...) Todos debían vestir de la manera más sencilla y decente, estaba prohibido reír, y al final de cada curso escolar todos los alumnos se hallaban obligados a hacer en público la "autocrítica", o sea a confesar sus propias "desviaciones" como dicen* hoy día los comunistas (Montanelli escribió este texto en 1959) *que, como se ve, no han inventado nada.*

Los seminaristas estaban divididos en externos, que seguían las clases, pero volvían a casa por la noche, y los internos, *que se quedaban en aquella especie de monasterio. El Maestro dejaba a los primeros bajo la enseñanza de sus ayudantes, y personalmente sólo se ocupaba de los segundos, los esotéricos, que constituían el restringido círculo de los verdaderos iniciados. Pero también estos últimos veían a Pitágoras en persona solamente después de tres años de noviciado, durante los cuales él les mandaba sus.lecciones escritas y autentificadas con la fórmula* autos epha, *el ipse dixit de los latinos, que significaba "lo ha dicho él", para dar a entender que no cabía discusión. Finalmente, tras esta poca espera preparatoria, Pitágoras se dignaba aparecer en persona ante sus seleccionadísimos seguidores, y a impartirles directamente los frutos de su sabiduría.*

Empezaba con las Matemáticas. Pero no como las concebían los groseros y utilitarios egipcios que sólo las inventaron con objetivos prácticos, sino más bien como teoría abstracta para alentar las mentes hacia la deducción lógica, hacia la exactitud de las relaciones y su comprobación. Únicamente después de haber elevado a los alumnos a este nivel, pasaba a la Geometría, que con él se articuló definitivamente en sus elementos clásicos: axioma, teorema y demostración...

Pero no todos los candidatos a ingresar en esta Sociedad o Liga Pitagórica eran admitidos. El mismo Maestro de Samos los examinaba personalmente, ya que le importaba mucho el trato que mantenían con sus padres. Mientras hablaba con ellos, se cuidaba de estudiar todas sus reacciones, las inflexiones de la voz y la posición de la cabeza y el parpadeo de los ojos, unido al ritmo de la respiración. Elementos clave para descubrir la sinceridad de las respuestas. También se interesaba por sus gustos, las amistades que habían conseguido a lo largo de su vida.

Mientras hablaba con ellos, se cuidaba de estudiar todas sus reacciones, las inflexiones de la voz y la posición de la cabeza y el parpadeo de los ojos...

Aunque nos disguste esa afirmación de Montanelli de una "sociedad totalitaria", hemos de admitir que lo era. Quizá la época lo imponía. También aceptamos que los candidatos fueran sometidos a ciertas pruebas dolorosas por medio del esfuerzo físico y la resistencia al fuego.

Una vez era admitido, el iniciado debía pasar por un noviciado de tres años, debido a que, como afirmaba Pitágoras, *no se esculpe un Hermes con cualquier leño.* Un tiempo prudencial para tener la más absoluta certeza de que el iniciado no era indiscreto, envidioso y oportunista, y ya se convertía en un discípulo exotérico. Le esperaba otro proceso de cinco años, hasta que entrase en la categoría de los esotéricos, los cuales ya podían traspasar la cortina, para conocer todos los secretos de la doctrina y vivir plenamente en la Sociedad Pitagórica. Momento en el que entregaba todos sus bienes. Porque iba a vivir en una especie de comuna, donde todo pertenecía a los miembros de la forma más justa: lo mismo comía el Maestro que sus seguidores, vestían idénticas ropas y compartían lo que había en la mesa. Algo parecido a la vida que en las catacumbas romanas organizaron los primeros cristianos, pero con la peculiaridad de que los pitagóricos lo realizaron cinco o seis siglos antes.

Acaso una de las mayores singularidades de esta Sociedad fuese que se admitía lo mismo a hombres que a mujeres. Como escribió Mario Meunier:

> *Desde su aurora primera, el pitagorismo, de acuerdo con su doctrina de la armonía universal, supo dar a la compañera del hombre, tanto en el hogar como en el Estado, una situación apropiada a su destino particular.*

La vida disciplinada de los pitagóricos

El pitagórico mantenía una vida similar a la de los monjes actuales, pero sin la permanente fijación en lo religioso. Se levantaba con la salida del sol, nunca antes ni después. Nada más abandonar la cama, dedicaba unos minutos a reflexionar sobre los ocupaciones del día y, especialmente, a analizar los sueños que recordaba. Porque los consideraba una especie de mensaje, tan importante como las percepciones de los sentidos mientras estaba despierto.

Al finalizar este proceso mental, se aseaba y se vestía de blanco. Ya se encontraba listo para iniciar el paseo matinal por lugares donde reinase el silencio y la tranquilidad, generalmente un jardín o los bosques cercanos, siempre que no hubiera visitantes en los mismos. Pasada una hora, entraba en el templo para asistir a una lección. Seguidamente, llegaba al gimnasio para correr, levantar pesas, realizar algunos ejercicios rítmicos o someterse a otras prácticas físicas.

Después de volver a asearse, entraba por vez primera en el comedor, donde le esperaban unas tortas de pan con miel y un cuenco de leche. Así reunía las fuerzas suficientes para hablar de política, de economía y de otros asuntos relacionados con la Sociedad. Llegada la tarde, se reunía con sus compañeros en un grupo de tres, para dar unos paseos sin dejar de analizar lo aprendido a lo largo del día. Y en las cercanías del anochecer, todos entraban en los baños antes de ir al comedor.

Acostumbraban a realizar unas libaciones ceremoniales y, en seguida, pasaban a comer legumbres, frutas, platos hervidos y galletas. Sólo bebían agua y leche. Es posible que en fechas excepcionales comiesen carne, pero de los animales que eran sacrificados a los dioses, y pescado, excepto el salmonete y los que tienen la cola negra.

Al final de la cena, se hacían unas nuevas libaciones ceremoniales, a la espera de que el más joven recitase algunos poemas de Homero o de Hesíodo, que habían sido seleccionados por el más viejo. Este momento quedaba cerrado con unos rezos y el recuerdo de los reglamentos.

Había llegado la hora del examen de conciencia en público, para lo que se recurría a un formulario: ¿Por dónde he ido hoy?, ¿cuál ha sido mi comportamiento?, ¿he podido faltar a alguno de mis deberes?, etc. Con las respuestas que se escuchaban puede decirse que los pitagóricas se estaban pesando en la "balanza que controlaban sus hermanos". Nadie mentía, ya que la sinceridad era como una especie de hechizo que conducía a la perfección. Sobre esta costumbre Séneca escribió:

¿Hay algo mejor que esa costumbre de repasar así toda la jornada? ¡Qué dulce sueño el que sucede a esta revista de uno mismo!

En efecto, los pitagóricos se hallaban en las mejores condiciones para ir a la cama. Sin embargo, no se olvidaban de beber unas tisanas y de practicar ciertos movimientos rítmicos, que iban a permitirles que los sueños no fueran negativos, ni violentos, y sí un medio de conocer la forma de mejorar las actividades diarias.

Algunas categorías futuras

Con el paso del tiempo los discípulos del Sabio de Samos se dividirían en diferentes categorías, de acuerdo a sus ocupaciones. Pero ello no suponía ningún tipo de distinción. Los *pitagoristas* estaban obligados a mantener una vida de acuerdo a los preceptos de la doctrina. Los *pitagóricos* se encargaban de los ejercicios de ascesis o perfeccionamiento espiritual. Para los *pitagorianos* se había reservado el papel de discípulos de los anteriores. Los *sebásticos* se cuidaban de los actos religiosos; y los *físicos* trataban los asuntos sociales. Es posible que existieran otras categorías.

Todos los grupos conocían exactamente sus obligaciones y las realizaban a la perfección. Con este proceder se limitaban a repetir la evolución de los astros en el Cosmos, que giran de acuerdo a sus órbitas y cumplen unas funciones específicas. Dado que creían en la astrología moral, no sólo estaban convencidos de que los astros se hallaban unidos a los dioses y a los números, sino que ejercían una influencia sobre todo lo que ocurría en la tierra. A ésta la veían como una esfera, porque su

Maestro se había anticipado casi diecinueve siglos a las teorías de Copérnico y Galileo.

Los pitagoristas estaban obligados a mantener una vida de acuerdo a los preceptos de la doctrina...

125

Los seguidores de Pitágoras se cuidaban de no entrar en el terreno de los otros, como si estuvieran convencidos de que si lo hacían iban a provocar el "caos universal". Formaban una sociedad tripartita: unos se cuidaban de estudiar la naturaleza, otros a los dioses y unos terceros a la sociedad. Así componían una liga científica, una asociación política y una orden religiosa.

Porque a la armonía sólo se podía llegar con el método, la disciplina asumida y la cordialidad. En realidad toda aquella buena gente no renunciaba a nada que importase, y encima aguardaban una recompensa divina, propia de ese alma inmortal de la que eran portadores.

CAPÍTULO XI

LA OBRA DEL "DIVINO"

La música como terapia

Pitágoras había descubierto la ley de los intervalos musicales y, además, dominaba todos los instrumentos de la época, ya fueran de cuerda, de viento o de percusión. Conocía hasta tal punto el valor de la música como terapia, que la introdujo en su Sociedad como un elemento primordial.

Lo armonía del Cosmos se lograba a través de la música del silencio: aunque no la escuche el oído humano, la perciben los astros para desplazarse por el cielo en unas órbitas regulares. También el feto se desarrolla en el interior del vientre de su madre de acuerdo a unas pautas musicales.

La música que desarrollaban los pitagóricos resultaba tan eficaz o más que la medicina, porque prevenía las enfermedades. Al mantener un estado emocional controlado, en el que las pasiones negativas desaparecían con unas composiciones musicales muy específicas, difícilmente se sufrían percances de cualquier tipo. El crotoniata Alcmeón se servía de los arpegios de la lira como purgante o depurativo.

Con la llegada de la primavera, ante la amenaza de que la sangre, el sistema nervioso y la actividad cerebral se alterara, se recurría a ciertas melodías. Todo se hallaba previsto en esta época del año, pues el Maestro de Samos consideraba que el cuerpo humano reaccionaba de una forma parecida a los árboles cuando se incrementa el desplazamiento de la savia. Los cantos a Apolo podían servir de maravilla.

Los cantos desentoxicaban al originar un estado de euforia que anulaba la amenaza de los catarros cuando se acercaban los fríos del invierno. Servirse de los versos de Homero o de Hesíodo resultaba tan eficaz como un botiquín entero de medicinas. Sólo debemos tener en cuenta el poder de la sugestión, que los sicólogos actuales tanto han estudiado, para saber que si "alguien está convencido de que un vaso de agua le cura, seguro que le desaparecerá la enfermedad al beberlo". Pero los pitagóricos no sufrían ningún mal, ya que se hallaban bien defendidos gracias a la música.

También servía para controlar las pasiones

La música ayudaba a mantener la moral. Pitágoras había compuesto una serie de melodías para combatir el pesimismo, la melancolía, la ira, la envidia y todas las alteraciones malignas del alma y del espíritu. Conocía el poder síquico de los ritmos.

Se cuenta que cierto día se tropezó con un joven que estaba a punto de cometer un incendio. Como le había oído tocar con una flauta frigia una melodía muy violenta, comprendió que el ánimo de aquél estaba alterado. Por eso le retuvo con la voz hasta poder controlarlo y, después, le aconsejó que tocase con la flauta un aire espondaico. La cura fue instantánea, ya que el sonido apacible y lento cambió los impulsos del joven. Pronto se le escuchó suplicar perdón y, luego, añadir unas frases de agradecimiento.

Empédocles asegura que Pitágoras logró que un soldado aplacara sus deseos de venganza, a pesar de creer que su padre acababa de ser condenado a muerte por un juez injusto. Lo consiguió cantándole unas odas de la "Odisea".

La música facilitaba el sueño apacible y el despertar sonriente. La somnolencia se disipaba con unos cantos. Plutarco estaba convencido de que "los acordes de la lira agradaban y tranquilizaban, como un encantamiento, la parte sensible e irracional del alma".

Se dice que "la música amansa a las fieras". De la misma manera, cuando ha sido compuesta por un genio puede actuar como el mejor controlador de las pasiones. En el Templo de las Musas se había formado un coro que fascinaba a los oyentes. Allí iban los habitantes de Crotona para adquirir la certeza de que el Cielo "también podía hallarse en la tierra". Quien ha escuchado los cantos gregorianos de un coro de monjas en el interior de una catedral puede entender perfectamente lo que acabamos de exponer. Sin olvidar que antes lo consiguió Pitágoras.

Un ambiente de solidaridad

Rostagni plasmó como nadie lo que sucedía en esta Sociedad:

Animados por un agudo sentido de la armonía, mucho más práctico que el místico, los pitagóricos subordinaban constantemente lo particular a lo general, el individuo a la familia, la familia al Estado, el Estado al Cosmos. Y esta suprema unidad que se extendía a todo, lejos de desvanecerse en lo infinito, en lo indistinto, en lo absurdo, tomaba el calor, la evidencia, la intimidad del Estado, de la familia, del individuo. Todos los seres y todas las cosas fraternizaban en un grandioso organismo cuya ley era la amistad o el amor, amistad y amor que se expresaba en el número y en la medida.

Allí se mantenían el buen humor y la cordialidad, y no se consentía ni la mínima muestra de violencia y de grosería. La solidaridad se practicaba con un afecto mutuo. Sobre este tema se han recogido infinidad de anécdotas que convierten a los pitagóricos en los precursores de los cristianos de Éfeso y Corinto, cuando empezaron a vivir en sus iglesias domésticas.

Los discípulos del Sabio de Samos vigilaban los cambios de actitud, porque lo suyo era mostrarse apacibles ante los extraños. Si alguno advertía que había caído en un ligero abatimiento, en seguida se alejaba de los demás para superarlo, porque nunca hubiese permitido "contagiar" a sus hermanos. Y ante el más ligero enfrentamiento, nunca se esperaba a la llegada de la noche para resolver el asunto de la forma más pacífica y civilizada.

Una amistad que era un hermanamiento

En aquellos tiempos la amistad que mantenían entre sí los discípulos de Pitágoras se hizo tan famosa, por lo ejemplar, que cuando en cualquier lugar se veía a dos personas muy bien compenetradas se les llamada "pitagóricos".

Ha quedado entre las historias más bellas la provocada por el tirano Dionisio el Joven. Un rey tan enfermo de envidia que no podía aceptar la existencia de unos filósofos que se consideraban unos amigos sólidamente hermanados. Para demostrarse que esto era mentira, ordenó que le trajeran al pitagórico Fintias. Cuando le tuvo delante le condenó a muerte por no haber pagado los impuestos del año anterior. Y al decir el acusado que sí lo había hecho, le presentó unos testigos falsos que demostraban lo contrario.

Viendo que no tenía salvación, Fintias suplicó que se le permitiera ir a despedirse personalmente de sus padres. Antes de que se le contestara con una negativa, apareció Damón, el amigo pitagórico del acusado, ofreciéndose como rehén. El tirano aceptó el intercambio porque le iba a permitir demostrar que esa gran amistad que mantenían los seguidores del "farsante de Samos" era simple propaganda.

Para dejar clara la situación concedió a los dos amigos tres días de plazo, pasado este tiempo el rehén sería llevado al patíbulo. Se desconoce lo que pudo suceder; sin embargo, Fintias apareció en el último momento, cuando Dionisio estaba convencido de que nunca lo haría, para ocupar el lugar de su amigo, cuya cabeza estaba a punto de ser decapitada por el verdugo.

Ante esta lección de amistad, el tirano perdonó a los dos y, después, quiso que se quedaran en palacio como sus consejeros. Cosa que Fintias y Damón no aceptaron porque se debían a la Sociedad a la que pertenecían.

Fintias apareció en el último momento, cuando Dionisio estaba convencido de que nunca lo haría, para ocupar el lugar de su amigo, cuya cabeza estaba a punto de ser decapitada por el verdugo...

Otra anécdota menos trágica se refiere a la paciencia de Lisis, el cual esperó la salida de su amigo Eurifanes del templo de Hera. Habían quedado que se encontrarían junto a un banco. En éste permaneció sentado el primero todo el día, a pesar de que en el templo ya no quedaba nadie, sin poder aceptar que su amigo se hubiera olvidado de él. Cuando esto era lo ocurrido. Aquella misma noche el incumplidor se dio cuenta del error porque sus compañeros de la Sociedad Pitagórica le preguntaron por Lisis. Entonces corrió desesperadamente al encuentro del paciente amigo, que seguía aguardando en el banco, ante el que se arrodilló implorándole perdón con lágrimas en los ojos. Los dos se abrazaron y, en seguida, aliviaron la emoción del momento con unos cantos.

La solidaridad general

La solidaridad general de los pitagóricos se puso a prueba en el momento que comenzaron a verse perseguidos. Entonces se establecieron unos símbolos secretos, como un alfabeto con el que se podían componer frases enteras, para enviarse mensajes sin que lo advirtieran los enemigos. Podríamos llamarlo un "servicio de auxilio mutuo". Todas las Sociedades Pitagóricas lo adoptaron, con el fin de ayudar a sus hermanos aunque no los conocieran físicamente, ya que esos símbolos les permitían distinguirse. Recordemos que los perseguidos cristianos de la primera época de su religión trazaban un pez en la arena o en la tierra para identificarse ante sus hermanos en la fe.

Se cuenta que Clinias de Tarento cayó enfermo mientras estaba en una hospedería. Como no disponía de dinero para cubrir las deudas de su estancia y del médico que le había atendido, escribió con los símbolos misteriosos un mensaje en las paredes de uno de los primeros edificios que se asomaban al camino que llevaba a la localidad. Un día más tarde ya era socorrido por uno de sus correligionarios, que se cuidó, además, de ofrecerle su casa hasta que se restableciera del todo.

La obligación de respetar el secreto

La obligación de respetar el secreto se hizo ley entre los pitagóricos, debido a que lo consideraban como un medio de purificación. Se llamaban los "guardianes de las verdades", con lo que se situaban muy por encima de la vulgaridad para rozar lo divino. Lo que pretendían era proteger su doctrina de cualquier maligna adulteración.

Por algo a los primeros candidatos que se rechazaba era a los habladores y a los orgullosos, los cuales habían demostrado ser incapaces de conseguir un pequeño trofeo sin correr a divulgarlo a los cuatro vientos. Sin embargo, existía una ceremonia de castigo reservada a quienes se "iban de la lengua", aunque lo divulgado fuese una menudencia. En el centro de la sala de reuniones se colocaba un ataúd de madera, en el que debía introducirse voluntariamente el culpable. Allí permanecía toda la noche; mientras, se le hacía escuchar una música que detuviera su lengua la próxima vez.

Se respetaba con tan firmeza la ley del secreto, que cuando la pitagórica Millia fue sometida a tortura por Dionisio para que contase la razón de que en su Sociedad se prohibiera comer habas, prefirió morderse la lengua hasta partirla, para escupir el trozo sangrante sobre la cara de su verdugo, antes que descubrir algo que le estaba prohibido. Algunos historiadores atribuyen este suceso a la mujer de Pitágoras.

Jámblico escribió que Hipasis de Regium cayó por la borda de un barco, al haberse desatado una tormenta como consecuencia de que se había atrevido a contar el secreto del dodecaedro. Falleció de la manera más terrible por no silenciar la clave geométrica de la formación del Cosmos.

Curiosamente, años después la mayoría de los conocimientos de Pitágoras fueron divulgados, ya que muchos de sus discípulos no contaban con otros recursos para ganarse la vida. Entonces recibieron el permiso de los supervivientes de las Sociedades que habían sido arrasadas.

No obstante, hasta que llegó este momento la ley del secreto fue respetada con la mayor fidelidad. A pesar de que Pitágoras acababa de morir, el maestro Lisis se enteró de que su hermano Hiparco había divulgado ciertos secretos. En seguida le escribió para ordenarle que se sometiera a una rigurosa penitencia, en caso contrario le consideraría fallecido y le levantaría un monumento funerario. Por eso le recordó la formación de ambos:

-No olvides que hemos pasado cinco años limpiándonos de todas las manchas que oscurecían nuestra alma para recibir la santa doctrina. El Maestro nos preparaba con un especial cuidado con la intención de no engañarse en las esperanzas que tenía fundadas en nosotros, lo mismo que el tintorero hace con el lienzo que quiere teñir y que lava y apresta antes de aplicarle los más brillantes colores. No se debe verter agua pura en una cisterna llena de fango. El corazón impuro que se inicia en la ciencia permanece invadido de malas hierbas que impiden a la inteligencia elevarse, crecer y extenderse. Antes de confiar la ciencia a la inteligencia, es indispensable desembarazarla, por el hierro y por el fuego, de todas las pasiones que la obstruyen, en particular de la intemperancia y la avaricia.

Seguían al "Divino"

La firmeza de los pitagóricos nacía del ejemplo que recibían de Pitágoras, al que jamás vieron flaquear. Para ellos era el "Divino", porque realizaba milagros, adivinaba el futuro, hablaba con los lobos hasta apaciguarlos y efectuaba otros prodigios. Sin embargo, no creemos que todo esto hubiera resistido la prueba de tres años de iniciación y cinco más de aprendizaje, de no haberse encontrado con una doctrina tan humanística como la que estaban aprendiendo. En el momento que la hacían suya, se sentían "perfectos" y su sueño, sin ningún tipo de vanidad, era alcanzar las dimensiones del propio "Divino". El pitagórico Empédoclos reflejó de esta manera a su Maestro:

-Era un Hombre de una ciencia profunda, y de un genio vasto y poderoso, versado en todos los conocimientos y todas las artes. Cuando tendía las fuerzas de su espíritu, su mirada penetrante veía cada una de las innumerables cosas y hechos que se suceden en el transcurso de diez o de veinte generaciones.

En el centro de la sala de reuniones se colocaba un ataúd de madera, en el que debía introducirse voluntariamente el culpable...

Amantes de la libertad

Pitágoras nunca mostró simpatía a la aristocracia y a la oligarquía, aunque tampoco las combatió. Amaba la libertad y se encargó de llenar las ciudades de Italia o de la Magna Grecia de gente que deseaban ser los dueños de su destino al verse libres de la tiranía, gracias a la intervención del Divino. Su forma de resaltar la sencillez y el desprecio que mostraba ante todos los honores y las riquezas mundanas, hemos de verlo como la demostración de un Hombre que no se rendía ante nada ni nadie.

La Sociedad Pitagórica de Crotona, a pesar de no estar gobernada democráticamente, supuso una inspiración para los elementos libres de las ciudades cercanas. Era una prerrogativa del Sabio de Samos ejercer una autoridad absoluta sobre sus discípulos, porque éstos no poseían sus conocimientos y experiencias profundas. Ya hemos visto que representaba un proceso voluntario, porque quienes le seguían aceptaban las reglas.

Aunque alguien se haya atrevido a tachar de tirano a Pitágoras, lo consideramos una aberración debido a que nunca ejerció un control político sobre las Sociedades que organizó en busca de la ciudad ideal. Algo que comprobaremos más adelante. La idea que debe quedar es que el Divino o el Iniciado vivió en una época repleta de hombres mediocres, a algunos de los cuales convirtió en seres superiores. Pero se hallaba rodeado de enemigos que acechaban en las sombras como veremos muy pronto.

CAPÍTULO XXII

UNA ESPLÉNDIDA LEYENDA Y UNA MUERTE ESPERADA

Abaris, aquel celta legendario

Los celtas eran conocidos en aquellos tiempos como los "hiperbóreos", debido a que vivían al otro lado de las orillas del Boreo en los países de las nieblas y las brumas. Hombres belicosos por naturaleza, conquistadores de lo ajeno y guerreros que combatían semidesnudos sobre sus caballos, sin miedo a la muerte porque la consideraban un honor, ya se habían extendido por media Europa. Aparecieron en oleadas arrasadoras y se encontraban en el Mediterráneo. Iban armados con unas grandes espadas de hierro, deficientemente templadas, pero que causaban grandes matanzas. Eran las llamadas "espadas de la Tene". Dominaban desde el Ebro al Elba, del Po al Escalda y del Garona al Danubio.

Pero no eran unas "bestias sanguinarias", dado que llevaban con ellos a los sabios druidas que guardaban la cultura de la raza, conocían los secretos de los árboles y de las rocas y sabían mirar al cielo. Componían odas, poseían su propia música y se acompañaban de sus leyendas. Esto les concedía el derecho a considerarse una civilización, no tan brillante como la egipcia, la persa o la griega. Tampoco devastaban todo lo que encontraban en las ciudades conquistadas. Sabían obtener provecho de lo mejor. Una costumbre que inmortalizaría a la raza celta.

Acaso el mayor de sus representantes, en aquellos tiempos, fuese Abaris, el cual se veía rodeado de tantas estelas míticas que cuesta desbrozarlas hasta encontrar la realidad. Como un elemento literario, sin dejar de tener en cuenta que puede haber algo histórico en el relato, vamos a mencionar su encuentro con Pitágoras.

Abaris desempeñaba el cargo de gran sacerdote de un dios que pudo ser llamado Belén, pero que con el paso del tiempo recibió el nombre de Apolo Hiperbóreo. Había predicho los triunfos de su pueblo, acababa de realizar un paseo victorioso por las ciudades del sur de Italia y, nada más conocer la existencia de "un hombre que hacía milagros, lo adivinaba todo y había formado una Sociedad de gente bondadosa", se empeñó en conocerlo.

El encuentro de dos gigantes

Pero Abaris llegó a Crotona desarmado, con una reducida compañía y en plan de admirador. Al ver a Pitágoras lo reconoció sin que se lo presentaran, ya que era el más "deslumbrante" del grupo. No vaciló al prosternarse ante él, apoyando la frente en el duro suelo, igual que si se encontrara delante del mismo dios Apolo, y pidió a sus servidores que le entregasen un estuche. En éste se guardaba una flecha extraordinaria que había recogido del Templo que él mismo dirigía.

-Así que tú eres Abaris -dijo el Maestro de Samos, a la vez que miraba al extranjero directamente a los ojos-. El celta que utiliza esa flecha mágica como cabalgadura voladora. De quien se cuenta que la empleó para dar la vuelta al mundo sin comer. Y con la misma libró a su pueblo de la epidemia, pudo detener las tempestades y curar todos los males.

-Ya veo que eres más sabio que yo, excelso Pitágoras, pues conoces la leyenda que me rodea sin que nadie te la haya contado. Esto me prueba que acerté al decidir que la flecha debe ser tuya, ya que eres el mismo Apolo Hiperbóreo.

Creemos que otra persona hubiese reído ante estas palabras; sin embargo, el Divino nunca lo hacía. Sus biógrafos aseguran que en toda su vida en ningún momento se le vio reír, aunque sí sonreír pero muy ligeramente. Quizá lo hiciese en aquel momento que se estaban encontrando dos gigantes.

Como respuesta al obsequio, además se levantó la túnica para mostrar al druida su muslo de oro, o ese antojo que los sacerdotes egipcios consideraron una prueba de que "el griego tenía un origen en el dios Ra". Sin abandonar la leyenda, añadiremos que consideró la flecha como suya; y, de repente, comenzó a describir todo el interior del Templo de Belén, porque lo estaba visualizando en aquellos instantes.

-He de contarte, hermano Abaris, que los dos hemos venido a la tierra para salvar a la Humanidad. Debes ayudarme a conseguirlo convirtiéndote en mi discípulo.

El sacerdote celta aceptó la oferta. Pero era muy sabio, lo que le permitió aprender la doctrina de Pitágoras en una semana. Finalmente, al verse portador de unos conocimientos que estimaba propios de dioses, regaló a su Maestro dos enormes cofres llenos de oro para que la Sociedad construyera nuevos edificios en aquellas tierras.

El mejor defensor de Pitágoras

Seguimos con la leyenda. Abaris se olvidó de su condición de sumo sacerdote de los celtas, para convertirse en el protector de su Maestro. Oportuna decisión. Si tenemos en cuenta que éste fue detenido por el tirano Falaris, que le odiaba hasta el punto de condenarle a muerte sin juicio.

Al día siguiente, ordenó que el reo fuese introducido en un gigantesco toro de bronce, en el que sería asado vivo. Antes de que se llevara a cabo la ejecución, Abaris consiguió llegar al lado de Pitágoras con el pretexto de que le traía un mensaje de su familia. Cuando se encontró cerca de aquél, comenzó a elogiarle por su condición de adivino, capaz de saber que al cabo de veinte horas Falaris moriría víctima de un atentado. El tirano soltó una terrible carcajada, que fue ahogada por la voz de Pitágoras:

-Entre el cielo y la tierra hay un paso continuo. El alma es libre y no depende de ella misma; los dioses nunca son causa

139

de nuestros males, ya que éstos provienen de nuestra intemperancia. La Providencia en ningún momento es responsable de nuestras desgracias, sino que, por el contrario, ella lo único que desea es nuestro bien.

Falaris debió quedar impresionado por estas palabras, además de por la intervención de Abaris, ya que aplazó la ejecución. No creía en el anuncio de su muerte; sin embargo, al día siguiente se hizo realidad el atentado, del que no salvó la vida.

En seguida corrió por la ciudad la opinión de que el tirano había sucumbido por atreverse a condenar a Pitágoras. Respecto al sumo sacerdote celta, su fama de adivino le convirtió en un personaje al que todos temían y respetaban.

Lo que estaba sucediendo en Samos

En la isla de Samos el asedio en las sombras a Polícrates continuaba. El cebo definitivo llegó con el obsequio de ocho grandes cofres "llenos de oro", que realmente contenían bloques de piedra cubiertos por una sola capa de lingotes de oro. Lo habían preparado el rey persa Oroites y el traidor ministro Meandrios. Y la víctima se dejó seducir, con lo que decidió salir de la isla que suponía su fortaleza. Lo hizo sin tener en cuenta los consejos de sus adivinos, que le habían anticipado grandes peligros. Pero la codicia es ciega.

Los mejores barcos se hicieron a la mar, para llegar a las costas asiáticas a los pocos días. En las soleadas playas esperaba la verdad y no una mayor cantidad de riquezas: Polícrates fue apresado por unas patrullas persas y, al día siguiente, se le descuartizó en una cruz por orden de Oroites. Así se cumplió la adivinación de Pitágoras.

A pesar de que el tirano hubiese gobernado pensando únicamente en su propio beneficio, los dioses sintieron piedad de su final. Se ha escrito que su cadáver fue lavado por Zeus y ungido por el Sol. De esta manera se materializaron también los presagios de los adivinos de Samos, entre los que se encontraba, como profetisa, la propia hija de Polícrates.

Antes de que se llevara a cabo la ejecución, Abaris consiguió llegar al lado de Pitágoras con el pretexto de que le traía un mensaje de su familia...

Singular época aquella en la que los asesinos se olvidaban de que sobre ellos había otros más poderosos. Al rey Dario le desagradó la ejecución de Polícrates, y se cobró venganza mandando que se cortara la cabeza del sátrapa Oroites. Nada cumplió esta sentencia, todas las propiedades del ejecutado fueron llevadas al palacio del monarca persa. Entre este botín se encontraban varios hombres y mujeres. Uno de ellos era el famoso médico Demócenes.

Un personaje que en seguida adquirió un gran protagonismo, debido a que quiso la providencia que el rey Dario se rompiese un pie al caer del caballo. El hueso se astilló de tal manera que los médicos de la corte no supieron curarlo. Entonces se recurrió a Demócenes, y el monarca volvió a andar perfectamente a los dos meses. Como premio el médico griego recibió dos cadenas de oro y, además, se le invitó a que pidiese lo que quisiera.

-Sólo deseo ser tu esclavo más fiel -contestó el astuto galeno.

-Me agrada tu respuesta. Desde hoy te cuidarás de mi harén.

Un empleo que supuso para Demócenes encontrarse en el corazón del palacio, donde se convertiría en uno de los hombres más influyentes. Especialmente cuando pudo sajar con éxito un tumor que Atosa, la favorita de Dario, tenía en un pecho. Ya se le había colmado de oro y piedras preciosas; sin embargo, no se le permitía regresar a Grecia, lo que él creía necesitar tanto como el aire que respiraba. Esto le llevó a servirse de Atosa para conseguir sus objetivos.

Ella empleó sus artes de seducción en la cama, y Dario permitió que Demócenes y doce de los mejores marinos persas formasen una expedición para examinar las costas griegas. Lo que se pretendía era comprobar las zonas más propicias a una invasión.

¿Terminó Demócenes haciéndose pitagórico?

La embarcación persa iba cargada de tesoros, que Demócenes pensaba entregar a su familia. Algo que ya no le importaba demasiado, pues había podido saber por Atosa que iba a ser devuelto a Persia en el momento que finalizase la expedición.

142

Los persas adquirieron unos barcos más ligeros en Sidón. Rápidamente comenzaron el recorrido por los mares griegos, hasta que llegaron a las costas italianas. Nada más que desembarcaron en Tarento, el astuto médico compró la colaboración del gobernador Aristofilidas. Así los hombres del rey Dario fueron retenidos en la ciudad, mientras Demócenes escapaba a Crotona donde sabía que se encontraba Pitágoras. Esta información se la habían proporcionado algunos de los muchos discípulos del Maestro de Samos que vivían en Tarento.

Es posible que llevase mucho tiempo queriendo relacionarse con el más famoso de sus paisanos. Lo que no sabemos es cómo lo logró, aunque sí tenemos idea de que llegó a casarse con una hija del famoso atleta Milón. Y éste conocemos que era un pitagórico exotérico, por lo tanto de los que podían comer carne y no estaban obligados a vivir internos en el Templo de las Musas.

Mientras tanto los expedicionarios persas habían sido puestos en libertad, ya que el trato entre Demócenes y el gobernador Aristofilidas incluía esta condición: dejarlos marchar a los veinte días de ser retenidos. Pero los persas no olvidaron la orden recibida de que el médico griego debía volver al palacio del rey Dario. Por eso navegaron hasta Crotona en los barcos que también les habían sido devueltos.

Llegaron a encontrar a Demócenes en la plaza de la ciudad. No obstante, cuando pretendían llevárselo a la fuerza, fueron arrojados de allí por los bastonazos de las gentes. Bajo tan duro castigo sólo les quedó la opción de escapar en dirección a su país.

La respuesta del rey Dario fue vengarse de Meandrios, que estaba ocupando el trono de Polícrates, al conquistar Samos y darle muerte. Trágico destino de quien había sido cómplice de Oroites en una conjura que tan corta recompensa le había proporcionado.

Todo lo anterior nos permite reconocer los juegos de ambiciones que se desataban en aquellos tiempos, de los que no se libraban ninguno de los países del Mediterráneo. Excepto la colonia de Crotona, donde continuaba Pitágoras siendo el mayor impulsor de la paz y la pureza de los hombres y mujeres.

Las Sociedades se habían multiplicado

Todo el sur de Italia aceptaba la doctrina de Pitágoras. Había Sociedades en cada una de las ciudades, también en Sibaris. Se ha escrito que de toda Europa, como había hecho el celta Abaris, llegaba gente que deseaba conocer las bondades que se contaban de esa nueva forma de vida. Una perfecta idea de lo que estaba sucediendo la proporciona François Millepierres:

...Las gentes se precipitaban con avidez sobre esta doctrina espiritual, alimento de inmortalidad, ambrosía preciosa. Las conversiones se sucedían una tras otra, y algunas de ellas eran ruidosas. ¿No se ha escrito que Simicus, el tirano de los centorupinos, había dejado el poder y distribuido todos sus bienes para seguir la nueva doctrina?

La casa de Crotona, que tenía al principio trescientos adheridos, adquirió en pocos años una importancia cada vez mayor en la vida moral, social y política de la ciudad, e incluso en la de un número importante de ciudades de alrededor, en la que tenía filiales. En los primeros tiempos, el instituto pitagórico se guardó muy bien de intervenir en los negocios públicos. Pitágoras se contentaba con ejercer una influencia filosófica sobre las ideas y costumbres de los magistrados y los ciudadanos, muchos de los cuales eran admitidos en la congregación. El instituto extendía tanto más fácilmente su doctrina a medida que sus miembros no vivían enclaustrados, sino que continuaban, como los adeptos de las terceras órdenes en las congregaciones cristianas, residiendo en su condición de hombres privados.

Se ha escrito que de toda Europa, como había hecho el celta Abaris, llegaba gente que deseaba conocer las bondades que se contaban de esa nueva forma de vida...

El pitagorismo no permitía desinteresarse de la vida social. No era una doctrina de reclusión y de solitarios: enseñaba la interdependencia, la correspondencia entre todas las partes del Universo y todos los seres que las habitan. En el Cosmos, cada una de las partes mantiene la existencia del conjunto, mientras que el conjunto vive la de las partes. Lejos de enseñar la indiferencia y la abstención en materia política, Pitágoras preconizaba, más aún, exigía la participación; era una ley orgánica universal de la que nadie podía considerarse

145

dispensado de obedecer. El que no consagraba una parte de su tiempo a los asuntos públicos faltaba a sus obligaciones hacia el Cosmos.

"Hay dos concepciones rivales de la vida -decía Arquitas de Tarento- que se disputan la diferencia: la vida práctica y la vida filosófica. La más perfecta es la que reúne las dos, y se presta y se armoniza a las circunstancias. Hemos nacido para una actividad racional que llamamos práctica. La razón práctica nos conduce a la política. La razón teórica, a la contemplación de la universalidad de las cosas."

Según el programa de los estudios pitagóricos, los jóvenes recibían una educación cívica. Debían seguir unos cursos sobre las tradiciones y las leyes de la ciudad con el fin de que, al llegar a su mayoría de edad, estuviesen bien percatados de la mecánica de los asuntos públicos. "Las leyes no deben estar grabadas en las casas y sobre las puertas sino en el corazón de los ciudadanos." Pitágoras no permitía siquiera a los viejos retirarse completamente de la vida política. Todo anciano tenía el deber de meditar profundamente sobre sus experiencias y de hacer partícipe de sus meditaciones a las generaciones nuevas; se hallaba obligado a esclarecer con la luz adquirida a lo largo de una vida dilatada las deliberaciones públicas; a él correspondía ejercer la justicia como el más adecuado para manejar la balanza con imparcialidad y precisión.

CAPÍTULO XIII

LA PRIMERA BATALLA DE UNA GRAN DERROTA SOCIAL

Los pitagóricos de Sibaris se sublevaron

Sibaris nunca había dejado de ser un polvorín, porque la diferencia entre la aristocracia y la burguesía, que seguía viviendo obsesionada por la buena mesa y el lujo, al compararla con la existencia de las clases trabajadoras era cada vez más abismal. Muchas decenas de años aguantando estos últimos que sólo pudieran llevar harapos, a la vez que en sus casas llegaba a faltar lo imprescindible, frente a las sedas y las mansiones de mármol de sus patrones, parecía asegurar que nunca se produciría una revuelta.

Los historiadores no se ponen de acuerdo en las causas del levantamiento ciudadano. Nosotros creemos que se debió al miedo provocado al saberse la conquista de Samos por el rey Dario.

Mientras se preparaban las defensas, llegaron noticias de que se habían amotinado contra sus gobernantes las ciudades de Jonia y Mileto. Esto dio pie a que Telis, el jefe de un llamado partido popular, diese un golpe de estado que le permitió sentarse en el trono de Sibaris.

El cambio no gustó a los pitagóricos, por lo que comenzaron a criticarlo en las calles. Ante el riesgo de que estallara una revuelta popular, Telis pagó a unos agitadores para que cambiasen la opinión del pueblo. Así se hizo correr la voz de que los seguidores de Pitágoras eran unos revolucionarios que buscaban su propio beneficio. Seguidamente, se pasó al ataque directo contra ellos, mostrando tanta violencia que algunos fueron asesinados en las calles.

Los supervivientes escaparon a Crotona. Sabían que sus hermanos de doctrina les brindarían protección, sin tener en cuenta que entre el grupo se encontraba alguien que se había atrevido a devolver los golpes, hasta dejar herido gravemente a uno de los soldados. La agresividad iba en contra de las leyes pitagóricas. No obstante, fueron acogidos en el Templo de las Musas.

La última decisión la tomó el Divino

Telis llevaba poco tiempo como gobernador de Sibaris. Se dijo que no podía consentir la huida de los pitagóricos, a los que él mismo se había encargado, por medio de los agitadores, de presentar como revolucionarios. Además contaba con una víctima, en la persona del soldado herido. Hubiese debido pensar en los pitagóricos muertos, algo lógico en la conducta de un hombre racional. Pero estamos describiendo a un tirano. Por eso envió a sus embajadores para que exigieran la entrega de los fugitivos.

Los embajadores se entrevistaron primero con Pitágoras, al que ofrecieron un cofre de oro a cambio de la devolución de los condenados por rebelión. La respuesta del Divino no pudo ser otra que ésta:

-En mi casa es sagrado el derecho de asilo, mucho más si me lo solicitan mis hermanos al pie del altar de nuestro Templo.

-¿Quién habla por tu boca: Apolo o un obstinado anciano venido de Samos? -preguntó uno de los sibaritas en tono burlón.

-Habla la verdad que no puede ser entendida por los que han sido ensordecidos por el deseo de venganza.

-Mejor sería que te fueses a dar otra vuelta por los infiernos -insistió el burlón-, y dejases que este asunto lo resolviésemos las gentes normales.

-Ríe hoy todo lo que puedas, porque mañana te tocará gemir amargamente -le anunció Pitágoras.

Los embajadores sibaritas no se desanimaron, ya que pidieron que el Senado de Crotona se reuniera para evitar que estallara una guerra entre las dos ciudades. Frente a esta amenaza, los mil hombres más importantes de la comunidad y de toda la comarca celebraron una asamblea. Su decisión fue la de entregar a los fugitivos. Entonces intervino Pitágoras:

-¿Cómo os habéis burlado del sagrado derecho de asilo? ¿Acaso una ciudad de atletas se rinde ante otra de simples gozadores de placeres?

Muchas otras preguntas similares formuló, con una voz tan grave y convincente que los senadores modificaron su decisión. Esto supuso que Crotona declaraba la guerra a Sibaris. También que el Divino acababa de intervenir por vez primera en la política, de una manera tan contundente que fue suya la mano que encendió la mecha de un polvorín, cuyo estallido ya nadie sería capaz de controlar.

Una guerra donde el débil fue el más fuerte

Los habitantes de Crotona terminaron por acoger la guerra con un gran entusiasmo. Se recordó que la ciudad de Sibaris había sido considerada impía por los dioses, ya que Hera abandonó el templo que allí se le dedicaba después de haber vomitado bilis sobre el ágora; además, Apolo lanzó contra ella una serie de anatemas desde el Templo de Delfos. Tampoco faltaron quienes vieron en la contienda una manera de ampliar el poder de Crotona.

Pitágoras había recordado que la ciudad se hallaba llena de atletas. Y éstos se encargaron de dirigir las tropas. Muchos de ellos eran pitagóricos, como Milón que ya estaba casado con una hija de su Maestro. Sabemos que las fuerzas de Crotona llegaban al número de cien de mil, mientras que las de Sibaris triplicaban este número. Una diferencia que a los primeros no les asustaba, porque se consideraban los más fuertes. Por otra parte, contaban con unos recursos "secretos".

La contienda dio comienzo en las dos orillas del río Trabis. Milón llevaba en su ejército una orquesta compuesta por un centenar de músicos, todos los cuales comenzaron a tocar en el mismo momento que los mandos sibaritas dieron la orden de ataque.

Entonces se produjo una de las situaciones más tragicómicas que se han visto en una guerra: los caballos que montaban los sibaritas comenzaron a "bailar". Era a lo que estaban acostumbrados desde el momento de nacer, debido a que en su ciudad los utilizaban para que caracoleasen o realizaran otra serie de piruetas en los desfiles al son de la música. Esto provocó que sus jinetes cayeran al suelo de tanto intentar detenerlos.

Los crotoniatas consiguieron una victoria muy fácil, a la que siguieron setenta días de asedio de la ciudad de Sibaris. Y ésta debió rendirse al faltarle el agua y la comida. Todos sus ocupantes, que ya no eran ni la cuarta parte de la población existente antes de la guerra, fueron desalojados. Entonces...

¿Es posible que se produjera un desenlace tan horrible si tenemos en cuenta que los responsables se hallaban imbuidos de la doctrina de Pitágoras?

Nos estamos refiriendo a que la ciudad de Sibaris fue arrasada por completo. Toda una borrachera de violencia, que no dejó allí piedra sobre piedra... ¿Acaso fue una repetición del castigo que Jahvé descargó sobre las pecadoras ciudades de Sodoma y Gomorra? ¿Es posible que entre los pacíficos pitagóricos se encontraran unos fanáticos o fundamentalistas que consideraron que todo era válido para defender su doctrina?

Se cuenta que para dar la sensación de que Sibaris jamás había existido, hasta se desvió el río Cratis que desde hacía muchos siglos atravesaba la ciudad impía. Casi un siglo tardaría alguien en decidir que fuese reconstruida; sin embargo, ya era otra urbe nueva, a la que se daría el nombre de Turiol. También se devolvió el río a su antiguo cauce.

En Crotona todo había cambiado para peor

La guerra la habían ganado los pitagóricos. Como una especie de premio se les pidió que participasen en el gobierno, a lo que no se negaron. A partir de entonces fueron más los que se dedicaron a la política, a los negocios, al comercio y a la dirección de los asuntos sociales y jurídicos que esos otros que siguieron internos en el Templo de las Musas y en los otros edificios de la Sociedad.

La mejor evidencia de que la situación había llegado a un punto irreversible, fue cuando las gentes se atrevieron a reírse ante el paso de un grupo de pitagóricos...

151

Con el paso del tiempo se pudo apreciar que los pitagóricos se habían convertido en la nueva aristocracia de Crotona.
Eran los mejor educados, los más cultos y los que estaban convencidos de que poseían "la única verdad". Lentamente, se fueron distanciando de las normas de su doctrina para convertirse
en una élite, en una especie de privilegiados que llegaban a sen-
tirse molestos al verse forzados a tratar con la chusma.

¿Es que Pitágoras no se daba cuenta de lo que estaba
ocurriendo? ¿No le llegaban las quejas de quienes empezaban a
considerar que el gobierno de los filósofos había supuesto una
mayor pobreza para todas las clases bajas de Crotona?

No podemos responder a estas preguntas. La Historia es
muy tozuda y se basa en realidades. Los lamentos de los pobres
se hicieron gritos, ante la falta de pan y verduras para los obreros y sus familias, porque no se dejaba de recordar que el atleta
Milón disponía de unos corrales con más de una veintena de
bueyes y unos cien corderos. Una riqueza que le permitía darse
unos banquetazos de carne todos los días.

En medio de tanta inquietud, que podríamos comparar
con los pies de barro de un ídolo agigantado precipitadamente,
surgió un partido opositor. La democracia ya se encontraba en el
corazón de Italia, como lo demuestra el hecho de que Bruto
hubiese arrojado lejos de Roma a Tarquino el Soberbio en el año
510 a.C.

A la cabeza de este partido se situó Cilón, que pertenecía a una de las familias más poderosas de Crotona. Un hombre
muy hábil que había sabido mantenerse escondido mientras los
pitagóricos se hacían con el poder. Otra de sus condiciones ideales para la política era la facilidad de palabra y una oratoria muy
convincente. A pesar de no haber pasado por las aulas pitagóricas, estaba al tanto de lo que se enseñaba en las mismas.

Jámblico ha dejado claro que Cilón poseía un carácter
violento y, sobre todo, odiaba a Pitágoras porque no le admitió
como candidato a entrar en el Templo de las Musas después de
un examen personal. Al parecer fue tachado de arrivista.

¡Qué fácilmente crece la cizaña!

A medida que los partidarios de Cilón fueron aumentando, otras familias de la aristocracia y la burguesía se ofrecieron "bajo cuerda" a apoyar la insurrección. La mejor manera de larvar la fama del Divino era criticar a sus discípulos, como una forma de sembrar cizaña en un campo que había sido descuidado por su vigilante.

Se comenzó a decir que los niños que estaban comenzando a ser internados en las congregaciones jamás serían vistos por sus padres, ya que se hallaban secuestrados. La siguiente calumnia fue que la prohibición de sacrificar animales perseguía destruir a la raza humana, ya que desde el origen de ésta los dioses venían exigiendo holocaustos de reses. Y no dejaron de inventar muchas más falacias, que la gente se creía.

La mejor evidencia de que la situación había llegado a un punto irreversible, fue cuando las gentes se atrevieron a reírse ante el paso de un grupo de pitagóricos. Y como éstos no reaccionaron a pesar de la repetición de las burlas, el siguiente paso fue apedrearlos. Estos provocadores eran en su mayoría gente pagada, que Cilón y los suyos reclutaban en los muelles.

Los ataques prosiguieron con mayor insistencia, ante la pasividad de los agredidos. Lo que envalentonó a quienes deseaban librarse del Maestro de Samos y de sus "compinches". Un objetivo que se hallaban a punto de lograr.

¿Qué estaba haciendo Pitágoras?

Aristóseno cuenta que Pitágoras se encontraba recluido en una cueva de Metaponte, donde permaneció varios meses meditando. ¿Podemos creer que él, un adivino, no hubiese sabido detener el conflicto lo mismo que se presentó en el senado de Crotona para evitar que fuesen devueltos a Sibaris los fugitivos? ¿Cómo un hombre tan amante de la perfección, padre ejemplar, abandonó a sus hijos en unos momentos tan peligrosos?

Algunos historiadores han querido hallar la respuesta en que el Divino se hallaba ausente de Crotona, porque había viajado a Samos para asistir a las últimas semanas de vida de Perecides, su primer maestro. Pero este acontecimiento ya había ocurrido muchos años antes.

¿No sería que el Iniciado se consideraba responsable de permitir que sus discípulos actuasen con violencia en la guerra y, después, excesivamente codiciosos en el gobierno de Crotona? Apolonio demuestra en su obra "Historia milagrosa" que esto fue lo que sucedió: a Pitágoras se le fue de las manos su obra, y se dijo que había llegado el momento de pagar el tremendo error. Nunca debió permitir que sus fabulosos conocimientos quedasen en manos de tantos hombres y mujeres... ¿Cómo pudo olvidar los restrictivos que se mostraban los sacerdotes egipcios y los magos babilónicos a la hora de seleccionar a los iniciados? Algo que él hizo en los primeros momentos; después, la vanidad le traicionó al permitir la masiva entrada de hombres y mujeres en las congregaciones y, sobre todo, los pitagóricos que podían mantener una vida ciudadana. Ya nadie detendría la derrota final.

Los pitagóricos no eran tan inocentes

Ya sabemos que entre los pitagóricos existían un grupo dedicado a la política. Al principio éstos nunca olvidaron la doctrina de la concordia y la solidaridad con los más débiles. Más tarde, con la destrucción de Sibaris y el encumbramiento de todos ellos a unos puestos predominantes dentro de todas las áreas del gobierno de Crotona, pretendieron establecer un severo régimen de dictadura teocrática.

Con este comportamiento dieron pie a las quejas, de las que supieron aprovecharse Cilón y quienes le apoyaban financieramente. Pero ese grupo de pitagóricos no eran inocentes, ya que su ambición casi desmedida y el olvido de algunos preceptos de su doctrina había originado una gravísima situación de injusticia social.

Mientras tanto, la ciudad siempre pacífica se había transformado en un avispero de revolucionarios. Esto perjudicó al comercio en general, se dejaron sin descargar las mercancías en el puerto, las gentes ya no querían trabajar y la inquietud social se convirtió en una pesadilla. Con la idea de atajar este ambiente, los conservadores se unieron a los pitagóricos para combatir a Cilón y a los suyos, porque iban a celebrarse las elecciones para elegir el Senado.

Esto perjudicó al comercio en general, se dejaron sin descargar las mercancías en el puerto, las gentes ya no querían trabajar y la inquietud social se convirtió en una pesadilla...

Sin embargo, la marea de los que se hacían llamar demócratas ya era imparable. Pronto se apoderaron de los prin-

155

cipales cargos públicos, se convirtieron en vigilantes de los jueces y crearon una asamblea popular, cuyos componentes eran elegidos por sorteo. Y en la cima de sus triunfos, Cilón decidió asestar el golpe definitivo a Pitágoras, para ello llevó a su lado al cínico Ninón.

Una diabólica tergiversación de la verdad

Cilón se presentó ante la asamblea dispuesto a criticar la obra de los pitagóricos. Pero lo hizo de una manera farragosa, con un tono de voz monocorde y perdiendo el hilo del discurso en diferentes momentos. Con esto provocó que los asistentes hicieran intención de marcharse...

¡Entonces intervino Ninón, como el actor dispuesto a convertir el aburrimiento o el hastío en una secuencia dramática, de esas que atrapan la atención del público desde la primera palabra hasta la última... Sin advertir que estaban siendo manipulados por medio de una diabólica tergiversación de la verdad!

Comenzó el cínico por enseñar unas tablillas, en las que aseguró que se hallaba escrito el "Discurso Sagrado" de Pitágoras. Todos los presentes habían oído hablar del mismo y conocían su contenido, aunque ignoraban que existiera una copia del mismo. La voz tronante de Cinón se cuidó de informar de lo siguiente:

-¡Aquí tengo la prueba más evidente de que a los pitagóricos se les ha educado para ser dioses, cuyo deber es tratarnos a todos nosotros como ovejas! ¡También prohibe quien se hacía llamar el "Divino" que comamos habas, con lo que se burla de nuestros derechos democráticos! ¡Al privarnos del medio para votar, consiguió que nos fuese arrancada la lengua o la cabeza! ¡Nunca nos consideró hombres libres! ¡Hasta que él llegó a Crotona, nuestros hijos recibían las enseñanzas en aulas abiertas, ya fuesen casas, patios o jardines; pero suya fue la decisión de que quienes le siguieran aprendiesen en sótanos cerrados, lejos de nuestras miradas, para así formar a una clase de tiranos! ¿No hemos visto a estos orgullosos caminar por nuestras calles con las cabezas alzadas y sin querer pisar por donde nosotros habíamos pisado? ¿Cómo se atrevió ese impostor a decir que es preferible ser un toro un día que un buey toda la vida? ¡Pues yo os aseguro que si los pitagóricos son esos toros de una vida tan efímera, mientras nosotros somos los bueyes que existiremos hasta la vejez, ya va siendo hora de que los destruyamos porque han causado mucho daño a esta ciudad!

El orador llenó de un entusiasmo paranoico a quienes le escuchaban. La obra teatral había sido perfectamente ensayada, con la intervención del "torpe" para que el "hábil" adquiriese todo su esplendor... ¡Y los resultados fueron los que se buscaban: a los pitagóricos no se les permitió defenderse ante la asamblea!

Mientras a estos indefensos se les abucheaba, a pesar de que jurasen por los dioses que todo lo dicho por Ninón era una sarta de calumnias, a éste se le volvió a permitir que tomase la palabra:

-¿Vais a consentir vosotros, que vencisteis a trescientos mil enemigos, que os dominen los trescientos cómplices del indigno Pitágoras?

La última proclama sirvió para que todos los presentes pretendieran linchar a los inocentes. Y éstos debieron escapar de allí, para refugiarse en la casa de Ninón... ¿Acaso lo hicieron para encontrar una prueba de que éste era un embaucador pagado por los enemigos del Divino? Se sabe que organizaron allí una cena para deliberar, suponiendo que así demostrarían que sus intenciones eran pacíficas.

La gran matanza

Nunca sabremos si los pitagóricos encontraron lo que buscaban, debido a que la casa ya había sido rodeada por sus enemigos. Se cerraron desde fuera todas las puertas y ventanas; después se cubrió el edificio con paja embreada; y, por último, se la prendió fuego.

Todos los inocentes que intentaron escapar de las llamas fueron pasados a cuchillo. La gran matanza dejó doscientas noventa y ocho víctimas. Aristóxeno asegura que se salvaron dos: Arquipos y Lisis, que eran tarentinos. El primero marchó a su ciudad de nacimiento; y el otro llegó a Acaya, donde enseñó la doctrina de Pitágoras a Epaminondas y a otros muchos hombres buenos.

El trágico ejemplo de Crotona supuso una gangrena que se extendió por las demás ciudades. Los pitagóricos debieron ocultarse donde les fue posible. Un gran número de ellos se conformaron con mantener una existencia solitaria.

Dicearco cuenta otra versión de lo sucedido en Crotona. Cuando las calumnias de Ninón incendiaron al populacho Pitágoras se encontraba allí. También se refugio en la casa, de la que pudo escapar porque sus discípulos formaron con sus cuerpos una cadena humana. Cientos de ellos se sacrificaron por su Maestro, al estar convencidos de que era el Divino y no debía morir de una forma tan ignominiosa.

CAPÍTULO XIV

DESPUÉS DE LA MUERTE DE PITÁGORAS

Un ingrato peregrinaje

De nuevo hemos de recurrir a la leyenda para narrar los últimos meses del Sabio de Samos. Al parecer marchó de Crotona a Caulonia, donde pudo comprobar que acababa de ser disuelta la Sociedad pitagórica de esta ciudad. Esto evidenciaba que sus enemigos siempre habían esperado la ocasión para destruirle.

Con alguna esperanza de poder rehacer su obra llegó a Locres. Solicitó audiencia en el Senado y le hicieron esperar una semana. Cuando le recibieron en el ágora, comprobó que allí no se encontraban ni la cuarta parte de los senadores. Esto le dio idea de que lo iba a suceder. En otros tiempos el lugar se hubiera visto lleno de gente, porque sus discursos eran considerados unos acontecimientos excepcionales.

Se le pidió que presentara la solicitud de la forma más breve, ya que todos los presentes tenían que resolver otras cuestiones muy importantes. Pitágoras ofreció sus servicios a la ciudad. De pronto, una voz airada gritó:

-¿Es que pretendes convertir nuestras calles en un campo de batalla? ¿Crees que no conocemos lo sucedido en Crotona? ¡¡Donde tú vas te sigue la violencia porque has sido desenmascarado!! ¡¡Si eres un Dios, como tú mismo has escrito, búscate un lugar en el Cielo!!

-Soy un hombre como vosotros -contestó el Divino sin perder la calma-. He venido a mejorar vuestras leyes para que la calumnia y la ira puedan ser combatidas de la forma más eficaz.

¡Yo os conozco, por eso sé que en vuestras conciencias late la certeza de que en Crotona se cometió una gran injusticia conmigo y con mis hijos!

-¿¡Es que vais a creerle...!? -siguió vociferando el enemigo.

-¡Calle, senador! -dijo el más viejo de la asamblea-. Podemos dar nuestras propias respuestas sin que nadie nos dirija. -En seguida hizo una pausa, miró a aquel personaje extraordinario que tenía delante, el cual ya contaba casi noventa años pero aparentaba cincuenta, y le dijo-. Nuestras leyes son las más convenientes para esta ciudad. Te agradecemos tu ofrecimiento. ¿Por qué no marchas a Tarento donde es posible que te necesiten?

Educada manera de rechazarle, lo que también hicieron los tarentinos. La presencia de Pitágoras se vio como la amenaza de la peste. Ingrato peregrinaje el del gran Iniciado. Cansado de tanto rechazo terminó por quedarse en Metaponte, donde no fue recibido con menos agresividad.

Una de las muertes de Pitágoras

El frente de ataque contra los pitagóricos llamado "cilonismo" había terminado por cubrir toda la Magna Grecia. Al Sabio de Samos no se le permitía entrar en ninguna casa, las gentes cerraban las puertas o corrían en sentido contrario al verle llegar. Unas muestras de hostilidad que podríamos considerar pacíficas, que muy pronto se pervirtieron en una violencia frontal.

Pitágoras se vio atacado con insultos, piedras y palos. Su cuerpo quedó libre de las agresiones, pero no su mente. Se salvó buscando refugio en el Templo de las Musas de Metaponte, donde la pena le cubrió de plomo. Se quedó de rodillas, inmóvil ante los constantes ruegos de sus discípulos de que escapara de allí. En un momento preciso se limitó a pedir:

-Dejadme aquí. Mi tiempo en la tierra ha finalizado.

Ya nadie insistió en que se pusiera a salvo. Quienes creían en la reencarnación aceptaron que había concluido uno de los ciclos de su Maestro. Y éste permaneció en la misma postura, sin comer ni beber. Se desconoce los días que duró su agonía, aunque se sabe que no sufrió porque conocía la manera de contener esas zonas del cerebro y del sistema nervioso que alimentan el dolor y la angustia. Falleció en silencio, igual que se extingue un árbol bajo un sol de castigo y sin agua. François Millepierres considera este desenlace de la siguiente forma:

Falleció en silencio, igual que se extingue un árbol bajo un sol de castigo y sin agua...

La nueva versión del fin de Pitágoras si satisface algo más la imaginación, moviéndonos a piedad por el profeta que

sufrió el desprecio y la incomprensión de sus contemporáneos.
Presenta por desgracia todas las apariencias de un arreglo des-
tinado a glorificar la muerte del sabio. No se ha querido que el
maestro estuviese ausente del más importante acontecimiento
de los anales de la doctrina, y por otra parte se le atribuye un
género de muerte que no es el del común de los hombres, un sui-
cidio que no es el verdadero suicidio, sino la penitencia llevada
a su último extremo; una purificación absoluta, perfecta, antes
de entrar en la vida de los dioses. Dejarse morir de hambre es
un suicidio noble, de carácter sagrado que elimina la sangre,
sin hacerla correr como el suicidio por el hierro, sin corrom-
perla como el suicidio por el veneno. Un fin, en suma, muy
aceptable, y en modo alguno contrario a sus enseñanzas.

Otra muerte más humillante

Se disponen de biografías de Pitágoras que presentan su muerte de una forma más humillante, como si hubieran sido escritas por quienes deseaban ridiculizar su doctrina. Entre estos autores se encuentra Diógenes Laercio, que dice estar recogiendo algo que escuchó a Hermipo.

Al parecer cuando Pitágoras escapó de Crotona le acompañaban cuarenta de sus discípulos. Todo el grupo corría sin agobios, ya que habían conseguido distanciar a sus enemigos. Materialmente se encontraban a salvo... ¡Cuando se vieron detenidos por una plantación de habas!

Los más decididos intentaron atravesarla, debido a que en una situación tan desesperada era obligado olvidarse de las prohibiciones. No opinó lo mismo el Maestro de Samos, para el que las reglas de su doctrina eran sagradas. Con esta idea ordenó que se detuviera la huida. Alguien propuso bordear la plantación; sin embargo, ésta cubría un frente demasiado amplio, que les obligaba a desplazarse en el mismo sentido, sin avanzar ni un paso. Además era de día.

Así quedaron a merced de sus perseguidores, que los mataron con sus espadas y lanzas. Esta tragedia ocurrió en las proximidades de Agrigento. Para que se viera hasta que punto de "cómica" era la doctrina predicada por el "Divino". Una muerte injusta, nada lógica, que viene a demostrar que fue ideada por un fabulista al que le encantaban los finales irónicos para burlarse de los pitagóricos.

También existe otra versión, en la que Pitágoras fallece en la cama hablando con sus discípulos. En un momento dado, mira a todos y anuncia que ha llegado a su final. Cierra los ojos, respira un poco más fuerte y su corazón se detiene. Poseía los conocimientos suficientes para causarse una catalepsia sin recuperación.

No obstante, nosotros somos más partidarios de aceptar la muerte en Metaponte, con ese suicidio voluntario. Se halla más acorde, como nos ha demostrado Millepierres, con la doctrina pitagórica. Entonces podemos situar este acontecimiento en el año 480 a.C.

¿Qué fue de los pitagóricos?

Ha llegado el momento de que contemos que Demócenes, el famoso médico de Polícrates que supo burlarse de Dario, el rey persa, era uno de los más importantes pitagóricos de Crotona. Suya fue la decisión de que debían trasladarse las nuevas actividades a Platea. Sin embargo, Aristeo consiguió mantener allí una pequeña actividad a lo largo de unos treinta y nueve años, que estuvo dirigida por Mnemarco, uno de los hijos de Pitágoras, por Bulágoras, al que le correspondió resistir uno de los periodos más complicados, y por Gártidas, el cual falleció de tristeza al comprobar que en Crotona ya no iba a quedar ningún pitagórico.

Mucho antes, la historia había vuelto a demostrar que quien se alía con una serpiente venenosa termina siendo muerto por la misma. Desconocemos de qué falleció Cilón. Rápidamente le sucedió el cínico Ninón, que desde el primer momento dio comienzo a un gobierno de terror. A las gentes que protestaron, porque le habían creído un demócrata, ordenó que fueran detenidas y, después, hizo que se ajecutara a los cabecillas.

Pero su primera decisión había sido considerar al médico Demócenes un proscrito, lo mismo que a todos los demás pitagóricos de la comarca. Llegó a más poniendo un precio a las cabezas de cada uno de ellos. El célebre galeno terminaría siendo asesinado y, después de un turbio proceso, todas las propiedades de los numerosos seguidores de Pitágoras fueron confiscadas. No obstante, algunos de ellos siguieron en Crotona, aunque viviendo en la clandestinidad.

Con la muerte de Cilón, se cree que por una enfermedad incurable, quien tomó el gobierno, cuyo nombre era Cleinas, siguió condenando al exilio a los pitagóricos. Pero consideró que no debían ningún dinero a la ciudad de Crotona y que, además, sus tierras debían a ser vendidas en pública subasta, con lo que dio pie a que algunas de ellas volvieran a sus legítimos propietarios sin tener que pagar un alto precio. Al cabo del tiempo, la persecución se fue aliviando. Tenemos la prueba de que terminó por desaparecer, ya que algunos discípulos de Pitágoras perecieron defendiendo la ciudad del ataque de los turienses.

Las llamas se hicieron brasas

Las Sociedades pitagóricas de la Magna Grecia intentaron mantenerse a pesar de todos los ataques. Fieles defensores de la doctrina de su Maestro, se negaron a aceptar las reformas sociales porque estaban permitiendo la llegada al poder de los tiranos o de las oligarquías aristocráticas. Cuando éstas eran demasiado poderosas, por lo que acabaron expulsándolos para que no siguieran agitando al pueblo.

Esto supuso que las buenas gentes se convirtieran en peregrinos en busca de un lugar donde crear otra "ciudad ideal". Lo intentaron inútilmente en Sicilia y en Grecia. A quien le acompañó la suerte fue a Lisis, ya que pudo formar una Sociedad en Tebas, que llegó a reunir unos doscientos seguidores y fue el maestro de Epaminondas.

También se estableció un enclave pitagórico en Flío, que pertenecía a la región del Peloponeso. A lugar llegó Sócrates para obtener información sobre el Sabio de Samos

Conviene mencionar a Arquitas de Tarento por haber creado en Italia una pequeña escuela pitagórica. Entre sus alumnos se encontró el genial Platón, al que se considera un pitagórico. Con el paso de los años, Arquitas se mereció el cargo de máximo responsable de las Ciudades Itálicas. Esto le permitió introducir en la constitución del nuevo país muchas ideas de su Maestro porque eran totalmente democráticas. Aunque un grupo de poderosos no le perdonó que considerase a los esclavos como sus hermanos; y a la larga consiguieron que perdiese todos los cargos políticos.

Esto supuso que las buenas gentes se convirtieran en peregrinos en busca de un lugar donde crear otro "ciudad ideal"...

Hemos podido observar que la doctrina del Sabio de Samos había pasado de ser unas llamas poderosas a convertirse en unas brasas. No obstante, éstas seguían dando calor, a la espera de que alguien supiera avivarlas con unos soplos de aire renovado.

¿Podemos llamarlos traidores?

Ya hemos comentado que a varios pitagóricos se les permitió que divulgasen los secretos de su doctrina, sobre todo para que consiguieran algún dinero. Pero fue en estos tiempos de persecución cuando salieron a la luz la mayor parte de las actividades que se realizaban en los Templos de las Musas, lo mismo que los escritos de Pitágoras y un gran número de sus ideas.

Se cree que los primeros en destapar la tapa del tesoro fueron Filolao y Arquitas, a los que no se consideraba unos pitagóricos puros. ¿Podemos llamarlos traidores? Creemos que no, pues en aquella época los perseguidos necesitaban comunicar su doctrina a las gentes para recibir protección de cualquier tipo. Uno de los mejores medios de conseguirlo era sirviéndose de la escritura.

Entre los siglos IV y III a.C. cientos de ascetas, que se consideraban pitagóricos, aparecieron por infinidad de lugares de Grecia e Italia. Su forma vegetariana de vivir, el hecho de que vistieran con harapos y de que hubiesen elegido como vivienda el hueco de un árbol, una cueva o cabañas semidestruidas sirvió a algunos famosos escritores para ridiculizarlos, especialmente en obras teatrales.

Ocho siglos de supervivencia

Las brasas de la doctrina pitagórica las avivaron varios hombres aislados. Por ejemplo, durante el siglo IV a.C. en Roma se encontraban los pitagóricos Apio Claudio Cecus, Escipión el Africano y Catón en Censor. La influencia de éstos llegó a ser tan importante que reunieron a varios millares de seguidores.

Además, la presencia de Cicerón en la vida cultural y religiosa de la capital del Imperio, sirvió para que desde el siglo

I a.C. hasta el año 50 de nuestra era resurgiera el pitagorismo con una fuerza impresionante. En ciertos momentos fue una de las corrientes de pensamiento que mayor influencia ejerció en los césares y sus senadores.

Con la llegada del sicópata Nerón la doctrina del Sabio de Samos sufrió otro terrible ataque. Cuando los cristianos se vieron condenados a muerte, el hecho de que la doctrina de los pitagóricos se pareciera en tantos puntos a la predicada por Jesús de Nazaret (lo justo hubiera sido que la similitud la planteásemos al reves, al ser más antigua la atea) sirvió para que padeciese el mismo castigo.

También Domiciano se mostró muy cruel con los seguidores del Sabio de Samos. Se cuenta que el tirano ordenó la captura del pitagórico Apolonio de Tiana; sin embargo, cuando sus pretorianos estaban a punto de darle alcance, el inocente se desvaneció en el aire... ¡Para aparecer a muchos jornadas de distancia en el sur de Italia!.

Apolonio pertenecía a una familia respetable y con dinero. Su educación había dado forma a un gran pensador, entre cuyas ideas estaba la necesidad de dejarse el cabello muy largo y vestir sandalias de papiro, todo ello muy pitagórico, con lo que provocaba la furia de los gobernantes de Roma.

Momentos de un relativo esplendor

Peter Gorman cuenta en su excelente libro "Pitágoras" estos relativos momentos de esplendor del pitagorismo:

Muchos seguidores de Pitágoras de los primeros tiempos del Imperio romano continuaron siendo marginados sociales que se reunían secretamente en las casas que los seguidores ricos tenían en la capital. Durante el siglo I d.C., cuando aparecieron en gran número las sociedades secretas, se vieron perseguidos con todos los medios. Como las drogas formaban parte importante de los rituales de estas sociedades incluso en el

167

enclave que los pitagóricos tenían en Roma, que daba culto a Apolo de Leúcade, el gobierno romano prohibió cosas como el nepente y el opio para controlar sus actividades. La prohibición que existía en Roma respecto al opio estaba favorecida, según Plinio el Viejo, por la gran cantidad de romanos que lo mezclaban en proporciones gigantescas con el vino a fin de suicidarse de la manera más agradable posible. Esta prohibición no era apoyada por los ciudadanos, debido a que la droga estaba demasiado profundamente arraigada en la vida de la época imperial. Sin embargo, los romanos continuaron poniendo fuera de la ley muchas otras sustancias, pero las medidas represivas no tuvieron éxito y las sociedades secretas fueron socavando gradualmente el imperio hasta que una de ellas acabó con él. Los judíos que había en el imperio estuvieron en continua revuelta, y muchas de estas rebeliones, como la cruenta de Cirene, costó cientos de miles de vidas.

Durante el siglo II d.C. el pitagorismo renació en íntima asociación con la escuela de Platón y comenzó a aclarar las ideas teóricas de Pitágoras relativas a los números y al Uno. Las matemáticas y la música pitagórica recibieron un nuevo impulso con los escritos del pitagórico Nicómaco, quien redactó también una biografía de Pitágoras. La figura más importantes del renacimiento pitagórico del siglo II fue indudablemente Numenio, que consideraba a Platón como pitagórico y combinaba muchas de las doctrinas de Platón con las de Pitágoras; a pesar de ello, Numedio siguió llamándose pitagórico y lo mismo hicieron todos los que le mencionaron en sus escritos. En Numedio tenemos un relato racional de cómo los números y las formas o ideas platónicas (que fueron en su origen una invención de Pitágoras y Perecides, como sabía bien Plotino) pueden ser considerados dioses. En el Número hay tres dioses fundamentales que se corresponden con las características manifestadas por los tres primeros dígitos en las series aritméticas...

168

Los últimos chispazos

En el siglo III d.C. el pitagorismo dio sus últimos chispazos, algunos consideran que para extinguirse definitivamente, gracias al neoplatonismo. Entonces escribieron sus interesantes biografías de Pitágoras Diógenes Laercio, Porfirio y Jámblico. Al mismo tiempo el cristianismo estaba introduciendo con la sangre de sus mártires unas semillas inmortales en todo el Imperio romano. Se diría que el mundo deseaba una religión de hermandad con un toque divino, que prometía una vida en un cielo "donde todos serían iguales". La idea de las reencarnaciones para llegar al Cielo de los Bienaventurados, después de haberse sometido a una mística vida vegetariana, chocaba demasiado con las preferencias de aquellas gentes.

A la hora de elegir entre el Evangelio y la Filosofía se prefirió al primero. Varios pensadores consiguieron aunar las ideas de Platón y Aristóteles con las Sagradas Escrituras; sin embargo, no hubo manera de casar la divinización del Número con el Verbo cristiano, lo mismo que la reencarnación pitagórica resultaba muy opuesta a la resurrección predicaba por Jesucristo.

Un muy singular pitagórico

Algunos de los pitagóricos del siglo III d.C. se comportaban de una forma que podíamos tachar de "iban por libre". Uno de éstos fue Plotino, que se servía de muchos textos tomados de los escritos de Platón al considerarlos alimentados por la doctrina del Sabio de Samos. Mantenía una alimentación vegetariana, estaba convencido de que el sueño nunca debía superar más de las cuatro horas y jamás entró en los baños públicos, debido a que la purificación sólo debía practicarse en la intimidad. Se negaba a comer carne porque deseaba mantener despejado el cuerpo astral del alma.

Este personaje mantenía en secreto sus actividades, lo mismo que las de sus discípulos. Nunca dejó de querer vivir en algunas de las ciudades abandonadas por los antiguos pitagóricos, especialmente en aquellas que habían conocido la presencia del Divino. Pero los gobernantes romanos no le respaldaron, ante el temor de que surgiera otra sociedad secreta.

Lo más indigno del comportamiento de Plotino fue que apoyó la persecución de los cristianos, hasta llevarlos al Coliseo para que fueron sometidos a martirio. Los consideraba merecedores de este castigo por no creer en los dioses. También anuncio que si el cristianismo era reconocido como una religión del Imperio todo se acabaría y se desvanecería lo mucho que Grecia había aportado a la civilización.

Algunos historiadores reconocen que las ideas de Plotino permitieron que la caída de Roma se retrasara uno o dos siglos. Lo peor de este personaje es lo mucho que participó en la política, ya que se vio obligado a "nadar en unas aguas fangosas": en muchos casos no apoyó decisiones que le agradaban, como que el martirio de los cristianos se hubiera detenido con las primeras ejecuciones masivas. Pero no quiso enfrentarse a sus protectores.

La influencia de Pitágoras llegó a Asia

La influencia de Pitágoras llegó a diferentes lugares de Asia y de Egipto. Los judaístas alejandrinos creían, de acuerdo a los escritos de Filón, en la numerología y en la cosmología, hasta el punto de que las describían como si estuvieran leyendo los textos de la doctrina del Sabio de Samos.

Lo mismo hicieron los sacerdotes del Egipto que se hallaba bajo el dominio romano. Es curioso que hubiesen vueltos los ojos hasta las ideas de quien había sido alumno de sus antepasados. Con sólo leer los escritos de Hermes Trismegisto se puede comprobar que están plagados de ideas pitagóricas. También en este país proliferaron los eremitas, que buscaban en el desierto una existencia vegetariana y ascética cercana a la recomendada por el Divino.

Acaso una de las mayores influencias se aprecie en la secta de los esenios: entregaban todas sus propiedades a la comunidad y empleaban una numerología simplificada.

170

También vivían en sociedades cerradas y esotéricas, muy hermanados y dando forma a unos comportamientos diferentes a los del exterior. Lo singular de estos hombres es su amor por la cultura escrita, lo que les llevó a acumular una gran cantidad de [...] s de Qumran. Afortunadamente, éstas [...] con lo que pudieron desvelarse algu- [...] s más con las tres religiones imperan- [...] , el cristianismo y el islamismo. Otra [...] s es la rigurosa educación que impo- [...] del corte de lo que se realizaba en los [...] a Magna Grecia.

[...] s es su amor por la cultura escri- [...] r una gran cantidad de documen- [...] vas de Qumran...

171

LOS VERSOS ÁUREOS DE PITÁGORAS
Hierocles

Los "Versos Áureos" pueden verse como la base de la antigua escuela de Crotona fundada por Pitágoras. En sus aulas se recitaban colectivamente al compás de la lira, lo mismo a la salida del sol que en el atardecer. Después eran meditados a lo largo del día, y los confrontaban en el momento de los autoexámenes en voz alta realizados junto a los demás hermanos del Templo de las Ninfas.

De esta práctica comentada provenía uno de los grandes resortes ético de la enseñanza: el estímulo creciente por medio del diálogo, que alimentaba la exposición y la controversia fraternal entre los pitagóricos. En lo que afecta a sus claves ocultas, progresivamente se iban enseñando a los alumnos, a medida que su conocimiento y comprensión aumentaba. En las últimas etapas de este ejemplar sistema de enseñanza, los "Versos Áureos" se convirtieron en una plegaria íntima, muestra de la perfección conseguida.

Se cree que el pitagórico Hierocles se encargo de recuperar este texto, a la vez que introdujo unos comentarios, que vamos a incluir en cada uno de los Versos. Éstos los ofrecemos en letra cursiva, mientras que los comentarios aparecen en una letra normal. Para finalizar, añadiremos que Hierocles perteneció a la escuela alejandrina y uno de sus profesores fue Plutarco de Atenas.

1.- Primero has de adorar a los Dioses inmortales, como ha quedado establecido y ordenado por la Ley.

173

COMENTARIO: Se debe conocer y adorar a los Dioses de acuerdo a las reglas establecidas por Pitágoras, como una forma de ajustarse a las leyes divinas.

2.- Respeta el Juramento y, después, a los Héroes, todos ellos tan provistos de bondad y rodeados de luz.

COMENTARIO: El juramento es el respeto a las leyes divinas. Los héroes nos enseñan a amar y nos ayudan en nuestro sendero hasta la mansión celestial.

3.- Por lo mismo, no olvides a los Genios terrenales, a los que debes prestar la atención correspondiente.

COMENTARIO: Los genios terrenales eran los espíritus de la Naturaleza, capaces de mezclarse en los asuntos humanos, introducirse en los cuerpos perecederos y habitar en la Tierra. Tan necesarios para cualquier tipo de magia.

4.- Sobre todo honra a tus padres y a tus parientes más cercanos.

COMENTARIO: Si es bello obedecer a Dios, lo es igual obedecer a los padres. Esta obediencia persigue un mismo fin: la ley de la virtud y pagar el tributo que la Naturaleza exige.

5.- En lo que lo concierne al resto de la Humanidad, nunca dejes de buscar la amistad de todos aquellos que se distingan por su virtud.

COMENTARIO: El amigo verdadero representa el mayor privilegio, el mayor tesoro que la vida puede ofrecernos. Por eso las Sociedades Pitagóricas han sido las que más altamente han valorado la amistad.

6.- Nunca dejes de prestar atención a sus equilibrados consejos y toma ejemplo de sus acciones virtuosas y prácticas.

COMENTARIO: Todo lo mejor que poseas debes ofrecerlo en bien de la comunidad. Acepta con dulzura las sabias insinuaciones de los amigos, repartiendo con los que amas los verdaderos bienes que te pertenecen. Las riquezas, la gloria y ninguna cosa perecedera han de provocar la desunión. Nunca juzgues a los amigos con un rigor inflexible.

7.- Procura no odiar a tu amigo, siempre que te sea posible, en el caso de que le hayas sorprendido en una pequeña falta.

COMENTARIO: Respeta la justicia bajo tu propio criterio y el de los otros, hasta con los que te traten injustamente. Concederás a la amistad todo la categoría moral que se merece.

8.- No olvides que el Poder suele ser vecino de la Necesidad.

COMENTARIO: El que ha dictado las leyes suele ser reconocido como el Poder. Pero éste es más viejo y experto que tú, luego conoce lo que él, nosotros y tú necesitamos. Antes de poner en duda sus decisiones, ten muy en cuenta que Él supo enfrentarse a sus propias dudas.

9.- Reconoce las cosas como te las he expuesto, y acostúmbrate a superar y a vencer todas estas pasiones.

COMENTARIO: Reprime los excesos situando las cosas en su verdadera categoría, a fin de que no turben tu razón. Imponte una estricta disciplina para someter a su justo orden todo lo razonable.

10.- Primero has de prestar atención a la glotonería, a la pereza, a la sensualidad y a la ira.

COMENTARIO: El conocimiento de tus propias necesidades, junto al respeto de tu cuerpo, te llevará a alejarte de todo acto indebido.

11.- No realices nada malo, ni aunque estés en presencia de otros o te encuentres en la más absoluta intimidad.

COMENTARIO: Jamás la soledad ha de conducirte a la realización de actos indignos, y nunca la sociedad debe arrastrarse a perdonar fácilmente tus propias faltas.

12.- Una de tus primeras obligaciones es respetarte a ti mismo.

COMENTARIO: Conviene que nos respetemos a nosotros mismos, ya que nuestra alma es una chispa divina.

13.- En segundo lugar has de colocar el respeto de la justicia en todas tus acciones y en cada una de tus palabras.

COMENTARIO: El simple hecho de mostrar reverencia ante la práctica de la justicia, permitirá que te habitúes a usar la razón, mediante la virtud, en bien de todas las acciones de la vida.

14.- No permitas que te domine la costumbre de comportarte en todo momento olvidando las reglas y la razón.

COMENTARIO: Porque dispones de unas reglas que has de utilizar con sabiduría cuando se alojen en tu cabeza como huéspedes permanentes. Sólo de esta manera lograrás sentirte a disgusto en el mundo de lo malo.

15.- Procura hacerte esta reflexión: el Destino tiene ordenado que todos los hombres debemos morir.

COMENTARIO: Las almas de los hombres han salido de la misma crátera que los dioses cósmicos, que los genios y los héroes glorificados. Todo esto nos enseña que la muerte de los puros sólo es un salto a los ciclos de la reencarnación.

176

16.- Recuerda que aquellos bienes que llegan de la fortuna siempre son inestables, ya que lo mismo que se obtienen se pueden perder.

COMENTARIO: Desconfía de lo que consigas sin esfuerzo, pues los verdaderos bienes llegarán a ti paulatinamente, a medida que tus buenas acciones los vayan mereciendo.

17.- Son muchas las calamidades que los hombres padecen por la voluntad divina.

COMENTARIO: Debes mantenerte alerta para saber distinguir lo que llega del cielo, como una tormenta de piedras o un terremoto, de esas otras desgracias que son causadas por tu falta de concentración en la doctrina del Maestro.

18.- Soporta con paciencia tu suerte, sin importar el curso que tome la misma, y no te apenes por ella.

COMENTARIO: Dios no se obstina nunca en recompensar o castigar a un hombre con preferencia a otro, sino que lo trata de acuerdo a sus merecimientos. Si no hubiera providencia divina, no existiría orden en el mundo.

19.- Sin embargo, debes esforzarte por remediarla.

COMENTARIO: Cuanto más te aproximes a la armonía del pensamiento, del equilibrio físico, más cerca te encontrarás de la perfección que te permitirá paliar todos los males.

20.- Ten muy presente que el destino no descarga sobre los buenos la mayoría de estas desgracias.

COMENTARIO: El respeto a la doctrina del Maestro supone la mejor protección, ya que te convierte en uno de esos hombres buenos que nunca se sienten agredidos por el mal.

21.- Se dan entre los hombres dos clases de razonamientos: los buenos y los malos.

COMENTARIO: Acostúmbrate a hacer uso del amor y de la palabra con perfecto discernimiento a fin de que, si la avidez de escuchar te lleva a soportar cierto tipo de discursos, tu juicio te haga rechazar los malos.

22.- Nunca los admires con excesiva facilidad, ni los rechaces rotundamente.

177

COMENTARIO: Cuando te sientas confundido porque no sabes diferenciar lo bueno de lo malo, busca el consejo del Maestro o recuerda su doctrina. Mientras tanto, procura mantener el equilibrio sin inclinarte a uno u otro lado.

23.- Pero si los engaños fueran en aumento, oye los razonamientos con tranquilidad y mucha paciencia.

COMENTARIO: Escucha con indulgencia las falsedades, y aprende a través de esta experiencia de todos los males que te has purificado.

24.- Presta mucha atención, en todo momento, a lo que me dispongo a aconsejarte:

COMENTARIO: Deja lo que estés haciendo, porque te encuentras en una situación complicada y necesitas que se te aconseje.

25.- Jamás te dejes seducir por nadie, ya se sirva de las palabras o de los hechos.

COMENTARIO: Si conoces tu misma esencia, estarás al tanto de todo aquello que por naturaleza te es afín y podrás alejarte de cualquier maligna seducción.

26.- Evita que puedas decir o realizar algo que vaya en contra de tus propios intereses.

COMENTARIO: Quien sigue al Maestro sabe controlar su lengua, con lo que difícilmente hablará, en su perjuicio y en el de sus hermanos.

27.- Consulta y delibera contigo mismo y con los demás antes de actuar, para evitar que cometas una tontería.

COMENTARIO: Habituada al goce de las cosas bellas, nuestra alma, curtida en todo tipo de combates, conserva intacta su determinación. Posee unas defensas que le impiden cometer errores.

28.- Considera que es propio de un infeliz el hablar o actuar sin una noble premeditación.

COMENTARIO: Cuando el alma goza de la iluminación no desea otra cosa que lo idóneo a la ley de los dioses. El hecho de adaptarse a su naturaleza le facilita poder vivir con la divinidad, unificando su visión a la cósmica. Luego nunca se equivoca en sus palabras y en su comportamiento.

29.- Procura realizar todo aquello que nunca puedas lamentar, ni que te lleve a arrepentirte.

COMENTARIO: Los mejores placeres son consecuencia de las más justas acciones. Esto permite hacer sólo aquello que será motivo de orgullo y jamás provocará remordimiento.

30.- En ningún momento realices algo que no comprendas.

COMENTARIO: Ante la duda lo mejor es consultar al Maestro o a su doctrina. Todo ya ha sido previsto. Conviene pedir consejo una y mil veces, hasta encontrar el mejor sendero. Nadie se negará a socorrerte aunque te cueste entender.

31.- Pero has de aprender todo lo debes saber, de esta manera mantendrás una existencia placentera.

COMENTARIO: La doctrina del Maestro es la claridad y la ciencia. Si la conoces a conciencia nunca dudarás, ya que te sentirás llevado por un sendero bordeado de confianza.

32.- En ningún momento descuides la salud de tu propio cuerpo.

COMENTARIO: Este cuerpo que nos ha sido dado para manifestarnos sobre la Tierra, no conviene cebarlo en demasía ni agotarlo con un régimen insuficiente. Tanto un extremo como otro son perjudiciales y privan al cuerpo de servir eficientemente y de ser utilizado como es debido.

33.- Sobre todo debes proporcionarle el alimento y la bebida con moderación, sin olvidar los ejercicios imprescindibles.

COMENTARIO: El justo medio, la "exacta proporción", pueden conducirte a ese equilibrio que facilita el control de la glotonería, del excesivo sueño, de la lujuria y de la cólera. También debes mantener la ley de los ritmos: método, actividad, descanso, contactos directos con lo superior e identificación consciente con las leyes de la naturaleza.

34.- Por tu conveniencia, te ordeno que no hagas nada que te pueda causar daño.

COMENTARIO: No estamos en la tierra para sufrir ni pasarlo mal. Como somos unos seres inteligentes, debemos aprender a eludir el dolor por medio del conocimiento de nuestro propio cuerpo y de nuestras inclinaciones naturales. Esto nos facilitará el necesario autodominio.

35.- Adquiere la costumbre de vivir con aseo y decencia, pero sin muestras de lujo.

COMENTARIO: Si te ves rodeado de un ambiente de hermosura y de bienestar, nunca te sentirás inclinado a la molicie ni a la codicia.

36.- Evita todas las cosas que den lugar a la envidia.

COMENTARIO: Cuando hayas conseguido la perfección que nace de la doctrina del Maestro, no envidiarás a nadie; pero sí te importará que otros te envidien a ti. Para evitarlo no hagas ostentación de tus logros, ni divulgues los secretos que conoces.

37.- No gastes sin un motivo razonable como quien no conoce lo que es decente y honesto.

COMENTARIO: Los hermanos que vivían en el Templo de las Ninfas no podían gastar, debido a que otros lo hacían por ellos. Cuando salían a la ciudad, llevaban el dinero justo para comprar lo que se les había indicado. Nunca fueron heridos por la codicia.

38.- No seas derrochador, ni tacaño. La justa medida resulta excelente en todos los casos.

COMENTARIO: En este momento no sólo me refiero al dinero. La comida, la bebida y hasta el reparto de la ropa y de otros bienes debes realizarlo con mucha equidad, especialmente cuando lo haces con tus familiares o con tus amigos.

39.- Realiza sólo aquellas cosas que no puedan dañarte, y reflexiona antes de llevarlas a la práctica.

COMENTARIO: Todo aquello que va contra la justa razón; todo lo que se opone al ejercicio de la ley divina; todo lo que nos impide parecernos a Dios, daña nuestra existencia verdadera.

40.- No consientas que el sueño cierre tus párpados al acostarte.

COMENTARIO: Nunca te duermas sin haber repasado lo que has hecho a lo largo del día que finaliza. Al menos toma esta precaución para evitar los malos sueños.

41.- Porque es necesario examinar todas las acciones realizadas en el día que ha finalizado.

COMENTARIO: Con la práctica diaria de la autoconfesión quedarás libre de lo negativo del día, porque tu voluntad habrá actuado como vínculo del dios interno. Quedarás lavado de toda mancha en tu conciencia, sanos el cuerpo y el alma, con una optimista disposición para el nuevo día.

42.- ¿Qué he hecho mal? ¿Cómo me he comportado? ¿Qué he olvidado?

COMENTARIO: Al convertirte en juez de tus propias faltas, poseerás el secreto del dominio de tus pensamientos, ya que habrás atacado al mal en sus orígenes.

43.- Si en este corto examen descubres que has hecho algo mal, repréndete severamente por esta muestra de debilidad.

COMENTARIO: Pronto a entregarte al sueño, apelarás al tribunal de tu conciencia. Este examen lo verás como un cántico a Dios, al Elevado. Entonces, descubrirás que tu día se ha desarrollado en armonía con las reglas establecidas, y sentirás en tu interior los frutos de la alegría divina.

44.- Y felicítate de lo que hayas hecho bien.

COMENTARIO: Nunca será una muestra de vanidad que te congratules por haber completado un día de acuerdo con las reglas más justas.

45.- Practica tenazmente cada una de estas cosas buenas; y reflexiona sobre ellas. Debes terminar amándolas con todo tu corazón.

COMENTARIO: El estudio de la doctrina debe ser permanente, sin desmayo. Por muy seguro que estés de que la conoces, su lectura continua será una muestra de amor y, sobre todo, la mejor forma de hallarte vinculado a ella cada minuto del día.

46.- De esta forma te hallarás situado en la camino de la virtud divina.

COMENTARIO: ¿Te has cansado alguna vez de mirar continuamente a quienes amas? Hasta cuando no los ves, sabes que están en tu mente y que te alientan. Lo mismo ocurre con la doctrina del Maestro, con la diferencia de que éste te asegura la salvación de tu alma eterna.

47.- Yo juro que será así, por el que ha transmitido a nuestras almas el Sagrado Cuaternión, el manantial de la Naturaleza cuya causa es eterna.

COMENTARIO: El Maestro recorrió el mundo, buscó en miles de cuevas y abrió su mente a todos los conocimientos. Así nos ofreció en su doctrina una ciencia secreta, para bien de los hombres y las mujeres que creemos en Él. Esto nos asegura que sus enseñanzas son perfectas, las únicas, porque cuentan con el respaldo de los dioses.

48.- Nunca des comienzo a un trabajo, sin haber solicitado primero a los Dioses que te proporcionen el éxito en lo que vas a emprender.

COMENTARIO: No debes contentarte con simples fórmulas de plegaria sin añadir al ruego un positivo esfuerzo. La virtud, en sí misma, es ya imagen de Dios. Y toda imagen, para ser engendrada, necesita un modelo que nos ponga en contacto con lo bello.

49.- En el momento que te hayas familiarizado con esta costumbre,

COMENTARIO: La naturaleza de los dioses es algo que has de desvelar por tus propios medios, ya que en tu propia naturaleza se halla encerrado un dios....

50.- sabrás la constitución de los Dioses inmortales y de los hombres.

COMENTARIO: ...Debes advertir la presencia de ese dios interno, aunque en el primer momento te parezca una idealización. Lentamente advertirás la presencia del Verbo Áureo, de la divinidad evocada.

51.- Hasta aprenderás lo que los diferentes seres amplían lo que contienen y lo que los une.

COMENTARIO: Tú formas parte de Dios, al mismo tiempo que vas a ser dios. Si conoces que éste es tu destino, nunca lo rebajes con acciones que te separen de Él.

52.- De la misma forma conocerás que, según la ley, la naturaleza de este Universo es la misma en todas las cosas.

COMENTARIO: Jamás te coloques al margen de la corriente riquísima de la vida y navega a favor del mejor rumbo, gozoso al disponer de los dones que precisas.

53.- Así que no esperes lo que no debes esperar; y nada de lo que se encuentra en el mundo te quedará oculto.

COMENTARIO: Si conoces los resortes de la ley y de la evolución, sabrás vigilar los síntomas que provienen de la maldad.

54.- De la misma manera, conocerás que los hombres atraen sobre sí mismos sus propias desgracias de una forma voluntaria y por su libre elección.

COMENTARIO: Si quieres escapar de los males, olvídate de tu naturaleza perecedera, ya que podría llevarte a no considerar que posees un alma inmortal.

55.- ¡Infortunados! No ven ni comprenden que el bien se encuentra cerca de ellos.

COMENTARIO: Mantén los ojos bien abiertos al logro de los bienes permanentes, y no lo lamentarás.

56.- Muy pocos conocen el medio para librarse de sus desgracias.

COMENTARIO: Si deseas huir de la pradera de la Desventura, nunca te separes de la Verdad. Sólo manteniendo despierto el conocimiento llegarás a la perfección.

57.- Así es la suerte de la humanidad, por la que queda ciega y privada de sentido.

COMENTARIO: Si te haces dueño, al fin, por medio de la razón, de este conglomerado de tierra, agua, aire y fuego, tan lleno de insensatez y de turbulencia, volverás a la forma de tu primer y excelente estado.

58.- Los hombres son como grandes cilindros que ruedan arriba y abajo, siempre oprimidos por infinidad de males.

COMENTARIO: Nunca permitas que el destino, la fortuna o una sonrisa seductora te conviertan en un juguete sin dirección. La doctrina impone el camino recto, ése que carece de recodos y encrucijadas.

59.- Disputas fatales, innatas, les acosan por todas partes, sin darse ellos cuenta de la amenaza.

COMENTARIO: Mucho deberás luchar en los primeros momentos del aprendizaje, porque eres joven y tu naturaleza te invita a la libertad incontrolada. Sin embargo, dispones de una inteligencia y de un alma que deben caminar según los preceptos de la doctrina del Maestro.

60.- En lugar de provocarla y removerla, deberían evitarlas con la mayor celeridad y sin concesiones.

COMENTARIO: Recuerda que eres un atleta del amor y del respeto a los dioses. Nunca un campeón vanidoso que busca el aplauso de las gentes. Cuanto más seguro estés de tu fe sigue analizando tus actos como si dudaras, porque la humildad es la mejor arma frente al mal.

61.- ¡Oh, padre Júpiter! ¡Has de librar a los hombres de todos los males que les oprimen!

COMENTARIO: Recuerda que los nombres poseen las virtudes de las cosas expresadas. La invocación sincera a los dioses supone una plegaria que siempre es atendida. Sírvete de la misma para ayudarte y ayudar a los demás.

62.- Muéstrales el demonio del que se sirven.

COMENTARIO: Los nombres debidamente pronunciados se convierten en virtudes, en poderes actualizados capaces de conseguir que huyan los malos espíritus.

63.- Pero nunca perdáis el valor, ya que la raza de los hombres es divina.

COMENTARIO: No olvides que si las palabras no se entroncan a lo superior pierden su afectividad. Mantener esa conjunción supone una de las claves para que todos los hombres podamos conservar nuestra divina identidad.

64.- La Naturaleza sagrada termina revelándoles los más escondidos misterios.

COMENTARIO: Todos los misterios se encuentran en la doctrina del Maestro, hasta los invisibles a la percepción humana. Siguiendo los preceptos del Divino nada queda oculto y lo negro se hace blanco.

65.- Si ella te participa sus secretos, fácilmente realizarás todas las cosas que yo te he ordenado.

COMENTARIO: El Maestro nos ha enseñado a leer y oír en el Cosmos. Sigue los ciclos astrales y cumplirás los preceptos de su doctrina.

66.- Curando tu alma, te librarás de todo mal y de toda aflicción.

COMENTARIO: Si respetas lo que se dice en el Templo de las Musas te hallarás protegido de las lágrimas.

67.- Abstente de las carnes que están prohibidas en la purificación y salvación del alma.

COMENTARIO: Practica con frecuencia las purificaciones, para que tu físico sea más dúctil a esa inteligencia superior que resplandece sobre las debilidades humanas.

68.- Examina bien todas las cosas y realiza una justa distinción entre ellas.

COMENTARIO: El mejor medio de lograrlo es conocer todo lo que te rodea, con el propósito de moverte sin obstáculos en busca del justo equilibrio.

69.- Déjate guiar siempre y dirigir por el entendimiento que proviene de arriba.

COMENTARIO: Llegados a este momento ya te has convencido de que la doctrina del Maestro es tu mejor apoyo, el Número que te permitirá ser un dios.

70.- Y cuando te hayas desprendido del cuerpo mortal, llegarás al más puro éter.

COMENTARIO: Después de tu muerte física podrás darte cuenta exacta y serena de tu estado, porque ya te encontrarás ascendiendo por las etapas intermedias de purificación, sin someterte a ningún sacrificio o prueba, que conducen a la felicidad.

71.- Te transformarás en un Dios inmortal, incorruptible; y la muerte no tendrá ya dominio sobre ti.

COMENTARIO: Entonces te reintegrarás a tu primordial estado. Y serás deificado en la medida que los hombres podemos igualarnos a los dioses.

BIBLIOGRAFÍA

Bergua, Juan Bautista: *Pitágoras*

Copleston, Frederick: *Historia de la Filosofía (Tomo I)*

Costiescu, Matila: *El número de oro. Ritos y ritmos pitagóricos en el desarrollo de Occidente*

Creszenzo, Luciano de: *Historia de la filosofía griega*

Ekkirala, Krishnamacharya: *La sabiduría de Pitágoras*

Gorman, Peter: *Pitágoras*

Guirao, Pedro: *Escritos pitagóricos*

Gullón, Ricardo: *Pitagorismo y modernismo*

Jámblico: *Vida de Pitágoras*

Mace, Federico: *La sabiduría de Pitágoras*

Maynado, Josefina: *Los versos áureos de Pitágoras*

Millepierres, Françoise: *Pitágoras, hijo de Apolo*

Montanelli, Indro: *Historia de los griegos*

Platón: *Obras completas*

Porfirio: *Vida de Pitágoras*

Reinach, Salomón: *Orfeo. Historia general de las religiones*

Schue, Edouard: *Los grandes iniciados:*

Jesús, Hermes: *Krishma, Moisés, Orfeo, Pitágoras, Platón y Rama*

Téllez, José: *Pitágoras y su escuela*

Vian, Ana: *Diálogo de la transformación de Pitágoras*

Zielinski, Thadee: *Historia de la civilización antigua*

Los filósofos presocráticos (Biblioteca Clásica Gredos)

ÍNDICE

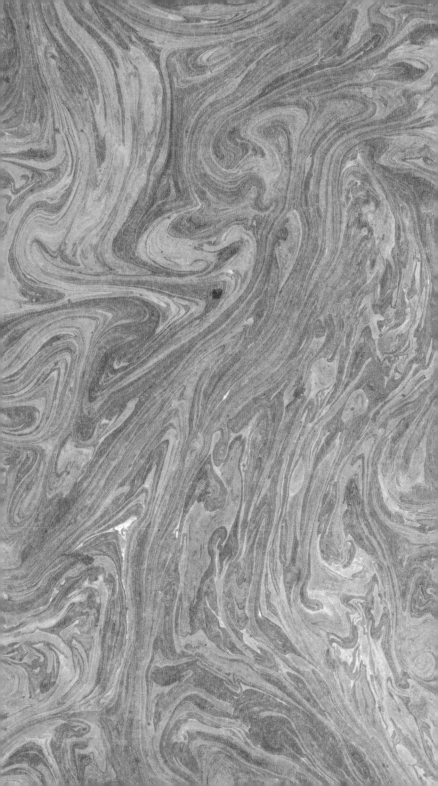